U0125904

大师经典

# 德鲁克经典五问

### ·珍藏版·

彼得·德鲁克（Peter Drucker）

[美] 弗朗西斯·赫塞尔尔本（Frances Hesselbein） 著

琼·西德尔·库尔（Joan Snyder Kuhl）

鲍栋　刘寅龙　译

李洁　审校

*Peter Drucker*

## Peter Drucker's Five Most Important Questions

Enduring Wisdom for Today's Leaders

机械工业出版社
CHINA MACHINE PRESS

现代管理之父彼得·德鲁克在 20 年前就高瞻远瞩地提出，企业和管理者必须正视五个最重要的问题：

Q1：我们的使命是什么？

Q2：我们的顾客是谁？

Q3：我们的顾客重视什么？

Q4：我们的成果是什么？

Q5：我们的计划是什么？

这些问题是企业制定战略的依据，是事业兴亡的关键，能引领你深入探索组织和个人存在的意义和价值，给你方法去提升质量、品格、意志、价值观和勇气，帮助你牢记做事的原因和目的。

《德鲁克经典五问》（珍藏版）是一套战略工具，通过将德鲁克的领导力框架运用于当前的管理环境，为当今管理者和企业家提供有见地的指导和全新的启发。

## 图书在版编目（CIP）数据

德鲁克经典五问：珍藏版／（美）彼得·德鲁克（Peter Drucker），（美）弗朗西斯·赫塞尔本（Frances Hesselbein），（美）琼·西德尔·库尔（Joan Snyder Kuhl）著；鲍栋，刘寅龙译. —北京：机械工业出版社，2022. 9

（大师经典）

书名原文：Peter Drucker's Five Most Important Questions：Enduring Wisdom for Today's Leaders

ISBN 978 - 7 - 111 - 71443 - 9

Ⅰ. ①德… Ⅱ. ①彼… ②弗… ③琼… ④鲍… ⑤刘…

Ⅲ. ①企业领导学 Ⅳ. ①F272. 91

中国版本图书馆 CIP 数据核字（2022）第 173927 号

机械工业出版社（北京市百万庄大街 22 号　邮政编码 100037）

策划编辑：李新妞　　　　　　责任编辑：李新妞　陈 洁

责任校对：薄萌钰　王 延　　责任印制：单爱军

河北宝昌佳彩印刷有限公司印刷

2023 年 1 月第 1 版·第 1 次印刷

169mm×239mm·12 印张·1 插页·113 千字

标准书号：ISBN 978 - 7 - 111 - 71443 - 9

定价：69. 00 元

电话服务　　　　　　　　　　网络服务

客服电话：010-88361066　　机 工 官 网：www. cmpbook. com

　　　　　010-88379833　　机 工 官 博：weibo. com/cmp1952

　　　　　010-68326294　　金 书 网：www. golden-book. com

**封底无防伪标均为盗版**　　机工教育服务网：www. cmpedu. com

# 对本书的赞誉

作为一名营销人员和企业领导者，我从德鲁克的简单智慧中觅得了真经。我最欣赏的一句话是："没有顾客，就没有企业"。本书为我们提供了纵横商场的恒久指南，让我们在令人炫目、瞬息万变的商业图景内不会迷失自己。

——贝斯·科姆斯托克（Beth Comstock），通用电气首席营销总监

这本书永远是耶鲁管理学院师生的教科书——语言简洁而清新，但却焦点集中、寓意深刻。

——托马斯·科蒂茨（Thomas Kolditz），耶鲁管理学院教授兼院长，"领导力开发项目"负责人

任何人都不可能提出像彼得·德鲁克所提的这样精髓而深刻的问题了，即便是苏格拉底也不例外。其中的每一种人格品质、每一个观点，都会让你变得更高效。真的找不到比这更经典的论著了。有了这本书，就像彼得坐在你身边一样。

——鲍伯·班德福（Bob Buford），彼得·德鲁克非营利组织基金会首任会长

在与企业首席执行官、高层经理和学生的合作中，我发现他们有一个共同的愿望，那就是要创造一种有意义、有目标和有激情的生活。而本书则为各行各业、各个年龄段的人建立这种生活提供了基础。通俗易懂，耐人寻味，寓意深刻，毫无疑问，本书又

是一部经典之作。

——Sanyin Siang，杜克大学 Coach K 领导力
与文化中心创始人

《德鲁克经典五问》是各行各业领导者的基本行动指南。毋庸置疑，它们是当今世界每一个领导者最基本的力量源泉。

——托马斯·J. 莫兰（Thomas J. Moran），美国共同人寿
保险公司董事长兼 CEO

德鲁克的智慧是永恒的，它们是无价之宝，激励着组织不断以最有效的方式走向卓越，是实现企业使命、满足顾客需求的根本。

——罗杰·W. 弗格森（Roger W. Ferguson），美国教师
退休基金会（TIAA-CREF）总裁兼 CEO

就在我们最紧迫的时候，这本书如期而至！无论是现有组织还是处于初创期的机构，要发挥其价值并成功地融入未来，这五问都是他们不得不回答的问题。

——艾伦·穆拉利（Alan Mulally），谷歌董事会成员，
福特汽车公司前总裁兼 CEO

彼得·德鲁克的管理理念永远是所有领导者最强大的智慧与力量源泉。而本书则将他的革命性力量向前推进了一步，以最具哲理性的思考解答了 21 世纪领导者所面对的最紧迫的问题。毫无疑问，本书为管理与领导力思想增添了浓墨重彩的一笔。

——南茜·L. 齐默菲尔（Nancy L. Zimpher），
纽约州立大学（SUNY）总校长

# 作者简介

**彼得·德鲁克**（1909—2005）"现代管理之父"，他集教授、管理顾问和作家身份于一身。德鲁克的管理学理论和实践为来自社会各界、各行各业的领导者带来了深远影响，其中不仅包括通用电气、IBM、英特尔、宝洁、美国女童子军、救世军、红十字会和联合个人协会之类的知名组织，甚至还包括几届美国总统。

**弗朗西斯·赫塞尔本** "总统自由勋章"获得者，弗朗西斯·赫塞尔本领导力研究院（Frances Hesselbein Leadership Institute）CEO，领导与领导学会（Leader to Leader Institute）的创办人，多次获奖的季刊《领导力》的主编。此外，她还参与编辑了27本专著，作品被翻译成29种语言。

**琼·西德尔·库尔** "千禧一代重要之原因"（Why Millennials Matter）项目创始人、国际知名演讲师、领导力培训师和全球人才开发及选聘战略咨询师。

# 中文版推荐序

这是一本写给年轻领导者的书，希望年轻的领导者能够从德鲁克的思想中受益。并希望德鲁克的思想能够作为人类社会的遗产，世代相传。

书中提炼的五个经典命题，得到了诸多企业领导者和著名学者的高度认同，并且，他们都分别给出了自己的心得体会。非常感谢作者的良苦用心，创造性地把这些领导者和著名学者的真知灼见，鲜活地记录了下来。

管理是实践，德鲁克的思想往往需要亲身经历，才能真正理解和领悟，并转化为一种信念或信仰。作为一个年轻的领导者或职业经理人，在你展开自己的实践之际，不妨听听前辈的切身体会，以及发自内心的声音。

当然，这本书不只是为年轻一代的领导者写的，它也是为老一代的领导者准备的。在企业代际传承之际，老一代的领导者背负着不堪回首的创业艰难历程，面对着莫衷一是的管理学流派，应该对下一代人说些什么呢？我想一定是千头万绪，心潮澎湃。现在有了这本书，事情就简单了，我们可以从这本书说起，提纲挈领，直指心法。

**德鲁克经典五问，是对企业领导者提的五个问题。如果你是一**

个企业的领导者，必须首先思考并回答的是：企业的使命是什么？这是领导一家企业的起点，也是成为一个企业领导者的起点。

使命就是一家企业长期存在的价值和理由。在现代社会中，任何企业存在的价值和理由，都是由它能为其他组织或其他社会成员做什么贡献来决定的。任何企业都是产业社会再生产循环中的一个环节，或一个功能性的组织。这就是德鲁克所说的，功能型的社会。

这不是一个显而易见的命题。企业领导者在解答这个命题的时候，必须学点理论，弄清楚一个产业社会正常运行的客观要求和内在联系。这样才能知道在这个产业社会循环中应该扮演的角色，以及应有的贡献。换言之，你必须弄清楚天道，然后顺应天道去做事。由此，你可以获得一个企业存在下去的价值和理由。就像古人所说的，天不变，道亦不变。

德鲁克在《管理》（*Management*）中专门讲了一个案例，说的是皮埃尔兄弟在 18 世纪中叶创立商业银行的过程，介绍了他们确立商业银行使命的经验。皮埃尔兄弟从圣西门的理论中懂得，是资本的积聚和集中的杠杆推动了工业化的历史进程。进而，他们从萨伊的理论中弄清楚了，是企业家的创业精神推动了产业社会的发展。于是，他们的使命就是引导社会流动资本的流向，并推动企业成为有意识的产业开发者。这就是后来的投行业务。美国南北战争以后，这成为北美各大银行的使命。

使命是在一个很大的时间和空间范围内思考的命题，企业还必须回到现实，从产业的联系中确定做贡献的具体对象或顾客。按照《大学》的说法，物有本末，事有终始，知所先后，则近道矣。说白了，这就是从大处着眼，在根本上下功夫，同时，依靠终极目标的引导，做出现实的选择。

为了把使命落到实处，企业领导者必须弄清楚：谁是你的顾客？顾客认为有价值的是什么？你所能做出的成果或贡献是什么？企业领导者必须通过对这三个问题的思考，把企业提供的成果与顾客及其认定的价值对应起来。并且，越具体、越清晰、越细致越好。现在人喜欢用"画像"两个字，就是给你的成果画像，给你的顾客画像。

过去，人们受营销学的影响，很容易把德鲁克这三个命题简单化为"定位理论"。不经意中，顾客这个利益主体消失了，企业和顾客之间的相互依存、相互作用关系消失了。供应者与需求者之间的关系，就被简化为产品的供求关系。于是，定位理论就变成了"产品定位理论"。德鲁克的三个大命题，就变成了营销学的两个小问题："产品的卖点"与"顾客的诉求点"，以及两者之间的对应关系。

德鲁克在《管理》中，用西尔斯的故事阐述了这三个命题。

**1. 我们应该选择谁作为顾客？** 20 世纪初，西尔斯公司在罗森华德的领导下，选择了天各一方的广大农民作为企业的顾客。他相信，随着城乡经济的一体化，农村的生活水平会越来越高，农民的生活需求会越来越多，帮助农民是顺应天道的事，帮助农民就是帮助自己。按中国人的说法，这就是成人达己。按我的说法，这就是选择有潜力的市场，谋求企业与顾客同步成长。

**2. 这些农民认为有价值的是什么呢？** 可以肯定，他们认为有价值的不是什么产品或某种东西，而是一种生活方式，一种与他们的价值取向一致的生活方式。比如，跟上时代的步伐，沐浴工业文明的恩惠，像城市里的人一样过上志得意满的好日子，等等。

**3. 我们能为这些农民提供什么成果？** 我们能为顾客认定的价值做些什么？西尔斯公司的做法是，围绕农民认定的价值做出了一系列有组织的努力。这些努力最终使西尔斯公司成为农民生活方式的组织者、采购者和定制者。

西尔斯公司所做的有组织的努力，包括建立自动化流水作业的邮售邮购工厂、储运体系，以及采购与定制队伍、宣传策划队伍与账单处理队伍，等等。西尔斯公司还做出了无条件退款的承诺。

德鲁克经典五问的最后一个命题是计划，就是把上述一系列的决策落实到行动计划上去。按照古人的说法，知行合一。在德鲁克看来，管理就是做两件事情：选择正确的事情去做；把事情做正确、做出成果来。

要想把事情做正确，必须要有详尽而切实可行的计划方案或行动方案。在德鲁克看来，决策不是简单的拍板，任何决策必须切实可行。换言之，离开了切实可行的计划，任何一项决策都不能成立。

德鲁克在《卓有成效的管理者》（*The Effective Executive*）中非常

推崇日本的禀议制，强调在一项决策形成过程中，要尽可能地让那些与行动有关的人参加，确保一项决策能够及时转化为行动，能够有效地付诸实施。有关计划的方式方法，不再赘言。

尽管本人没当过领导，但我相信，《德鲁克经典五问》可以帮助更多的人成为优秀的领导者。何况作者是领导力研究领域的权威。

最后，感谢机械工业出版社，能够选中这本书，并使它在中国出版。

包政

2015. 12. 12 于包子堂

# 中文版推荐序

2015 年 10 月 29 日傍晚，纽约，美国互助保险公司大楼顶层的董事会大厅灯火辉煌。来自全球十几个国家的近两百人汇聚在一起，为了表达对一个人——弗朗西斯·赫塞尔本女士——的尊敬与感激之情。大家一起庆祝她的 100 岁生日。

赫塞尔本女士和往常一样，神采奕奕，双眼炯炯有神。她依然是那么热情，拥抱每一位来宾，介绍他们相互认识。她的步伐还是那么稳健，独立而自信。不断有人围拢过来与她合影，她的笑容永远那么灿烂。她生命的活力与激情感染着在场的每一个人。

1965 年，弗朗西斯·赫塞尔本加入美国女童子军成为一名志愿者。12 年后，她成为该组织成立 67 年以来第一位从基层志愿者成长起来的首席执行官。在随后的 15 年里，这个曾经"岌岌可危"的组织在她的领导下发展成为全球最大的女性非营利组织。更令人赞叹的是，1990 年，75 岁的赫塞尔本在离开美国女童子军数周后，开始创办"彼得·德鲁克非营利组织管理基金会"（The Peter F. Drucker Foundation for Nonprofit Management），开展领导力方面的研究。如今 25 年过去了，该组织汇聚了全球各领域的数千名领导者，他们的分享与交流推动了全球领导力方面的发展与探索。1998 年，她荣获了"总统自由勋章"，这是美国公民的最高荣誉。

面对这位年逾百岁却依然每天朝九晚五的智者，我们不禁要问，这些成就背后到底蕴藏着什么样的思想和方法？今天的个人和组织能从中学习到什么？

众所周知，赫塞尔本女士和德鲁克先生是多年的挚友。在赫塞尔本的另一本书中，她记录了1981年第一次见到德鲁克时的情景。她激动地告诉德鲁克，她运用了很多德鲁克的思想和方法来领导美国女童子军。德鲁克听完，认真地问道："管用吗？"赫塞尔本的回答当然是肯定的。随后，德鲁克花了一整天的时间，详细地了解赫塞尔本领导的组织如何通过几千名员工，协调数十万名志愿者，服务于美国200万名以上的女童子军。此后的20年，德鲁克先生一直亲自指导她和她的团队。时至今日，赫塞尔本和她领导的组织运用这套思想和方法已经超过40年了。归纳起来，竟然简单到只有五个问题：

1. 我们的使命是什么？
2. 我们的顾客是谁？
3. 我们的顾客重视什么？
4. 我们的成果是什么？
5. 我们的计划是什么？

这五个问题源于德鲁克在1954年提出的事业理论（The Theory of the Business）中的三个核心问题：我们的事业是什么？谁是我们的顾客？顾客认可我们的价值是什么？事业理论作为各类组织制定战略的有效方法广为传播。1993年，在德鲁克先生的指导下，赫塞尔本和她的团队为非营利组织开发了一套"自我评估"的工具，于是诞生了《五个最重要的问题》（*The Five Most Important Questions*：*You will ever ask about your nonprofit organizations*）一书。该书从诞生的第一天起就具有很强的实践性，第一版书籍的封面上特别注明"参加者工作手册"（Participant's Workbook），基于本书的工作坊到今天还在美国和其他一些国家举办。2008 年，德鲁克先生去世后 3年，该书的第 2 版正式出版。除了德鲁克和赫塞尔本之外，吉姆·柯林斯、菲利普·科特勒、吉姆·库泽斯等一批管理大师参与了创作，中文版译作《组织生存力》。该书的影响力已经超出了非营利组织的范围，成为管理领域的一部重要著作，并被维基百科列为德鲁克先生唯一的"遗作"。

今天各位手中的这本书，是 2015 年赫塞尔本和她的学生琼·西德尔·库尔再次联合多位管理学家和实践者为年轻一代的领导者出版的。这样一本不到 200 页的书，凝聚着 20 多年来数位大师的管理智慧和实践，太难得了。

也许会有朋友问，为什么会是这五个问题？

为学日益，为道日损。把复杂的事物讲得简单明了，需要智慧。这恰恰是这本书的价值。德鲁克给很多读者留下的最深刻的印象，就是他提出问题的能力。找到正确的问题是发现正确答案的前提。大部分管理者是头疼医头、脚疼医脚，甚至没搞清楚哪儿疼就急着开药方。找德鲁克咨询过的企业家都知道，他总是先让你冷静下来，然后，和你一起从纷繁的现象中找出关键的、根本的问题。虽然德鲁克每次咨询的时候所问的问题都会不同，问的顺序也会变化，但是，一般都围绕着这五个问题。德鲁克正是借助这五个问题以及由此引出的一系列问题来帮助组织评估其存在的意义、解决发展中的问题并总结最终取得成果的理论和方法，而这五个问题的核心是"顾客"。大部分组织，特别是企业，都是从"利己"的角度去认识顾客的。换句话说，服务顾客是企业生存和发展的手段，企业的利润和股东价值才是目的。然而，德鲁克的立足点正好相反：企业的目的是创造并服务顾客。利润和市值是达成满足顾客需求后成果的体现，而且只是一部分成果，更多的成果体现在对社区和社会的贡献上，而非企业自身的利润上。正如赫塞尔本反复提醒大家的，"生命的本质在于服务他人"（To serve is to live）。这句话是一位历经了百年风雨的智者的心声，也是德鲁克管理学说的结晶，其中的智慧耐人寻味。

在今天高速变化、信息爆炸的时代，每个人都在追求快速的"成功"，结果却往往是昙花一现。早在20世纪90年代，人们在欢呼着拥抱互联网的同时，就曾信心满满地宣告"新经济"的诞生。有些人甚至认为过去的一切，包括管理学的基本原则都过时了。20多年来，不断有新的"概念"被创造出来，从"点击率"到"粉丝数"。然而，当热潮退去，我们会发现那些成功的企业依然遵循着这些历久弥新的管理智慧，从未改变。我们欣喜地看到，近来越来越多的企业开始重视用户体验，重视产品和服务的内在品质和顾客价值，注重"工匠精神"。

感谢机械工业出版社，让中国的管理者，特别是年轻一代的管理者接触到如此重要的管理著作。感谢邵明路先生和黄建东教授的指导，帮助我完成了这篇推荐文章。希望本文对大家阅读本书有些帮助，期待您将书中的方法和智慧转化为行动，并取得成果。

王欣

彼得·德鲁克管理学院院长

2016 年 4 月 5 日于北京

# 序　言

2000 年，弗莱德·安德鲁斯（Fred Andrews）在《纽约时报》（*The New York Times*）上提到彼得·德鲁克非营利组织管理基金会，即目前的弗朗西斯·赫塞尔本领导力研究院时说："尽管资金并不雄厚，但这里却是管理大师的云集之地，对每一个希望在管理领域有所领悟的人来说，都是他们求之不得的归宿。"今天，我们迎来了学院的第 25 个生日。尽管如此，我们的研究方向与 1990 年或 2000 年的时候毫无二致。也就是说，我们还不断地在领导力和管理学领域推出新的作品；我们还在持之以恒地提供各种领导力资源、建议和启发；我们还在不断地推出各种类型的跨门类合作，创造学习与增长的机会；而且我们依旧在全球范围内为学生、领导者和专业人士提供支持。

各行业领导者通过采用"五个问题"而带来的"光明前景"，令我深受鼓舞，这些问题不仅引导他们深刻认识自己的组织，也让他们有机会洞悉他们的顾客与社区，促使他们反省自己的价值观，重新审视自己的使命。

自首次出版《德鲁克经典五问》以来，我遇到过很多"同路人"，既有在职的专业人士和企业高管，也有未来的领导者接班人和在校学生，他们无一例外地认为，凭借我们所提供的这些来源于彼得·德鲁克的管理学思想和领导力资源，他们不仅更充分地实现了

"生命的本质在于服务他人"的领导理念，还有机会与周围更大的社区分享这种基于使命和价值的领导力模型。这些领导者已经逐渐地意识到，最简单的问题往往也是最难回答的问题。彼得·德鲁克的这几个问题深刻而透彻，因此，要回答这些问题，就需要我们做出极其客观甚至是挑剔的自我评估。

假如彼得·德鲁克就在你的身边，或者置身于你今天所在的组织，我们相信，他依旧会提出我们在共同开创自我评估模型时就曾经提出过的问题[1]：

1. 我们的使命是什么？
2. 我们的顾客是谁？
3. 我们的顾客重视什么？
4. 我们的成果是什么？
5. 我们的计划是什么？

这五个问题虽然简单，却引人深思、令人反省，它们事关方方面面，而且适用于任何组织，因而也就显得异常重要、不可回避。本书定位于组织的战略性自我评估，而非针对项目的评估或针对员工个体的绩效评估。"我们的使命是什么"所回答的是组织存在的理由，或者说是组织的目的是什么，而非如何存在的问题。使命总是能够激发人们的热情，你的组织将因为自己所肩负的使命而被人们所记住。随后的其他几个问题则提供了一个统领整个评价过程的指导框架，以便于组织了解自己所处的状态，最终形成一个聚焦于结果的、可衡量的战略计划，并在愿景的指引下，最终实现组织目标。

这个非常简单的流程的终极受益者就是被你的组织和像你这样的人所感动的人和顾客——因为他们已经勇敢地下定决心，深刻反省自己及其组织，认清优势和挑战，拥抱变化，培育创新，接纳顾客的反馈并做出积极响应；放眼组织之外，厘清趋势，寻找机会，鼓励有计划的放弃，并要求可衡量的成果。以往的很多组织强调善行，而未来的组织则需要以可衡量的成果来实现意义和可持续性。

这个自我评估模型不仅灵活易用，而且具有极强的适应性。这个工具不仅可以为董事会或 CEO 所用，而且可以运用于任何领域，无论是公共部门、私营企业还是社会部门，都不例外。不管你的组织是位居"财富500强"的跨国公司，还是一家初创企业；不管是大型的国家级政府机构，还是地区性小规模机构；也不管是拥有数十亿美元的非营利基金会，还是一家只有 10 万美元资产的收容所，这些都不是问题。真正的问题在于你对使命的承诺，对顾客的执着，对未来的追求，以及对创新的向往。自我发现就是一个勇敢的自我反省过程，它给组织及其领导者带来成长所需的巨大能量和勇气。

对于这种已经不可或缺的管理工具，我们在进一步强化其功能的过程中，充分考虑了当下的时代背景和新型企业的出现，让组织得以兑现其对顾客、员工、环境和社区所做出的承诺。实际上，我们正在从"千禧一代"身上看到这种变化带来的影响，对他们来说，"生命的本质在于服务他人"已经成为耳熟能详的句子。而我们也调查了更多有经验的领导者，他们就这五个重要的问题提供了新的洞察。

这些当今最炙手可热、受世人爱戴和尊重的学者为本书慷慨献言，我在此向他们致以最诚挚的感谢：

> 伯纳德·班克斯上校（Col. Bernard Banks）：探索了通过组织和个人价值观的棱镜审视组织成果的重要性。

> 劳伦·梅里安·贝尔斯（Lauren Maillian Bias）：阐述了个人成功与职业成功之间的相互依赖性。

> 乔安娜·鲍达斯（Juana Bordas）：探讨了如何最好地考量组织规划过程的有效性，以及创业者如何借鉴她在创建科罗拉多州最大的拉丁裔服务机构过程中的成功经验。

> 亚当·布劳恩（Adam Braun）：探索了实现目标的本质，并阐述了完美生活的终极状态不可能存在的原因。

> 吉姆·柯林斯（Jim Collins）：描述了组织战略如何反映持续性和变革之间的根本性矛盾，以及"善于适应变化的组织"应该知道哪些东西是不改变的。

> 卡洛琳·高森（Caroline Ghosn）：论述了一个领导者需要做的最重要的事情，就是建立一个清晰无误的组织愿景，而要将这个愿景转化为行动则需要一个明确的计划——一个能让人们参照执行的有形方案。

> 凯利·戈德史密斯（Kelly Goldsmith）和马歇尔·戈德史密斯（Marshall Goldsmith）：探索了"我们的使命是什么"这个问题在个人层面的运用，并通过其研究发现，制定有效的个人使命需要兼顾快乐与意义。

> 纳迪拉·西拉（Nadira Hira）：今天的公司，比以往任何时候都更能通过社交媒体收集到源源不断的反馈信息流，却极少有人知道该如何有效地利用这些反馈。

> 菲利普·科特勒（Philip Kotler）：始终在孜孜不倦地教导我们如何更好地了解我们的关键顾客，并有计划地去满足他们的需要，而不是毫无目的地去取悦所有人。

> 吉姆·库泽斯（Jim Kouzes）：他认为，典型的领导者所做的一切，都是为他们的顾客创造价值。

> 拉古·克里希纳穆尔蒂（Raghu Krishnamoorthy）：阐述了通用电气公司何以不断重新设计和重塑自我，从而对持续变化的顾客需求做出响应，在当今瞬息万变的全球市场中始终不失去自己的价值。

> 琼·西德尔·库尔：她为我们描绘了"千禧一代"是怎样的人以及他们的需求是什么，并阐述了德鲁克的不朽智慧为何在今天依然行之有效。

> 迈克·雷泽罗（Mike Lazerow）和卡斯·雷泽罗（Kass Lazerow）：宣称顾客革命的时代已经到来，权力已经从公司手中彻底转移到顾客手中，公司及其领导者必须跳上这趟变革的列车。

> 卢克·欧文斯（Luke Owings）：告诫读者切不可忽略支持性顾客的需求，并指出识别顾客需求和动机有助于推进组织使命的成功。

> 米切尔·拉德帕沃尔（Michael Radparvar）：讲述了备受好评

的“生活宣言”（Holstee mànifesto）的诞生过程，以及如何把这一宣言转化为公司的使命陈述。

➤ V. 卡斯特利·兰根（V. Kasturi Rangan）：描述了一个合理计划的基本构成要素，以及监督计划的执行过程并在下一个计划周期前完成反馈闭环的重要性。

➤ 朱迪斯·罗丁（Judith Rodin）：他强调，如果组织尚未取得可衡量的结果，并采取基于结果的偏差纠正机制，那么，任何一项计划都不能说是完整或令人满意的。

这些意义深刻的思考必将给读者以启发，而且我坚信，读者也会像我们一样，深深感谢他们将这些智慧、经验和精神财富无私地与我们分享。《德鲁克经典五问》的最初思想来自彼得·德鲁克的智慧。在本书中，我们将再次与各位共同分享德鲁克的伟大思想，而诸多新的伟大领导者则为本书赋予了新的元素，也进一步丰富了德鲁克的管理哲学。因此，我们首先真诚地感谢你们——我们最亲爱的读者和支持者们，让我们在组织自我发现的过程中成为共同前行的同路人。

弗朗西斯·赫塞尔本

弗朗西斯·赫塞尔本领导力研究院创始人之一，院长兼CEO

于纽约市

# 为当今领导者打造最恒久的管理智慧

彼得·德鲁克经常会向同事提出一个简单的问题："你到底希望自己因何而被人们记住？"在弗朗西斯·赫塞尔本领导力研究院，所有人无一例外地认同，最重要的任务，就是充分发挥我们的智慧，为下一代领导者提供激励与动力。2009 年，弗朗西斯·赫塞尔本领导力研究院与匹兹堡大学合作，建立"赫塞尔本全球学生领袖及公民参与研究院"，该项目目前已在各大洲招募了 300 名有培育前途的优秀学生，为他们全面研究德鲁克及弗朗西斯·赫塞尔本的著作提供了机会。

当下年轻的一代领导者涵盖了出生于 1980 年到 2000 年之间的"千禧一代"，也就是人们常说的"Y 世代"。他们不止是规模最庞大的一代人，还绝对是受教育程度最高和最多元化的一代人。技术的发展和全球化带来的便捷，以多种多样的方式放大了他们梦想的创造力。随着数字化和社交媒体从传统的有线电视转化为脸书（Facebook）和推特（Twitter），他们得以了解世界的每一个角落，以新的、前所未有的方式接触、消费和与全球性品牌交互。他们建立起范围更大的朋友圈，不仅有他们的邻居或体操课上的同学，还有来自遥远世界的陌生人。或许，他们永远都不会与这些人谋面，但他们之间的联络却有可能给每个人的生活带来极其重大的影响。他们已经形成了一种高度的全球敏感性，这也是我们将"千禧一代"称为"第一代全球人"的原因所在。

我们遇到的年轻领导者大多动力十足，慷慨大度，而且是具有全球性思维的独立创业者。他们以无比积极的态度，从新的视角认识这个世界。与此同时，他们又面对着史无前例的失业和半失业的社会现实，无论在工作场合还是媒体的眼中，他们始终感到自己是被误解的对象。

我们已经了解到，"千禧一代"渴望真正的指导、简单的工具和负责任的导师来帮助他们聚焦重点、挖掘潜能，并实现他们"让这个世界因我而不同"的梦想。正是这些最终促成了这本书的面世。德鲁克的管理哲学是否仍然适用于当下这些青年才俊和终身领导者们？这是毋庸置疑的！它还能大放光彩吗？当然，它的威力依旧！令人难以置信，写于20世纪中期的文字，居然还能适用于我们在今天所面对的机遇和挑战，但是，贯穿于本书的事例就是最有力的证明。

德鲁克说过："自我评价是对领导者提出的第一个行动要求。"因此，阅读这"五个问题"，既适合那些有朝一日可能走上领导未来组织道路的青年才俊，也适合已经身处各行各业领导岗位的有丰富经验的领导者们。几十年来，这个基本的理论框架让各个领域的领导者受益匪浅，而对于当下"千禧一代"的年轻人和管理者来说，这五个问题同样是他们成功路上最完美的伴侣。本书通过若干事例指出，自我评价流程适用于任何目的并能刺激进步。

全球人才战争如火如荼地进行着。各个领域的高管与组织都在寻求更有效的战略以提高年轻员工的生产率，并提升他们的技能，实现组织可持续的领先地位。因此，我们希望通过本书新版本的发布，能够培养更多的人成为"德鲁克迷"，并以"五个问题"作为共同语言去开展沟通与交流。此外，这"五个问题"也可以作为培养新管理者和开发领导能力的基本工具。在任何环境下，在任何行业内，德鲁克的领导力思想都是一整套可以触类旁通的基础和出发点，为多代人共处的组织开发创造性思维和制定战略规划提供一个通用的平台。仅仅是思考德鲁克这些意义深远的思想观点，就足以消除不同时代人之间的沟通隔阂，拉近他们的距离，让他们为了共同的理想而展开有建设性的对话。

"千禧一代"致力于社会领域的成功，而且我们也发现，在校大学生是全球范围内最积极的社会志愿者。针对美国在校大学生进行的一次全美的调查显示，70%的大学一年级新生和79.1%的高年级学生都在大学期间从事过志愿者工作。[1]这一代人还将继续寻找机会，在非营利组织的使命与营利性合作伙伴的目标之间搭建桥梁。德鲁克曾说过："伟大的领导者会在思考自己的需求和机会之前，首先想到组织的需求和机会。"

作为一名本科生及工商管理硕士（MBA）学生的导师，我注意到，这些学生对毕业后工作机会的预期和焦虑已经出现了巨大变化。金融危机导致很多公司大幅调整了他们的劳动力布局，这大大降低了人们对大公司一向抱有的安全感。今天，MBA学生对毕业后的职业选择正在变得越来越挑剔，他们开始把目光转向新创业的公司，因为这里不仅能让他们承担更多的责任，也让他们有机会对企业形成更深刻的理解。同样，商学院也借助于商业计划竞赛以及与新媒体和创业相关的课程，鼓励学生更多地去关注独立创业。

与以往时代的人相比，更多的"千禧一代"正在创业，创建自己的企业，逃离美国企业的小隔间，去追求自己感兴趣的项目。彭博社的调查发现，在每10家初创企业中，有8家会在开业后的18个月内破产。在很多情况下，失败不仅仅是因为缺少资金，还因为他们没能够聚焦于明确的商业战略。为了获得他人的投资和支持，你必须展现出自己的核心知识和明确的商业战略。那么，除了以五个问题为核心的自我评价工具这一出发点，还有更好的途径吗？

作为美国第二任总统约翰·亚当斯的后人，弗朗西斯·赫塞尔本指出："如果你的行动能激励他人去梦想、去学习、去实践、去追求，那么，你就是一个领导者。"我们深深地感谢为本书贡献内容的那些领导者，他们将自己的洞见与德鲁克不朽的智慧结合起来，去激发和释放"千禧一代"的潜能。

琼·西德尔·库尔

"千禧一代重要之原因"项目创始人

弗朗西斯·赫塞尔本领导力研究院理事会理事

于纽约市

# 目　录

## 问题之一　我们的使命是什么

在做出任何决定之前，我们一定要立足长远，然后反过来问自己："我们今天要做什么？"记住，最重要的并不是你的使命听起来有多漂亮，而是你的实际表现。/ 015

## 问题之二　我们的顾客是谁

你必须一再地反问自己："我们的顾客是谁?"因为顾客始终在变化。只有致力于结果并始终坚持其基本理念的组织,才能适应不断变化的顾客,并随着顾客的变化而变化。/ 033

## 问题之三　我们的顾客重视什么

绝对不存在不理性的顾客,顾客几乎总会毫无例外地从其现实和自身状况出发,采取理性的行为。因此,领导者绝不应去妄自揣测顾客到底重视什么,而是应该以系统化的方式向顾客去求取答案。/ 053

# 关于彼得·德鲁克

彼得·德鲁克（1909—2005）被公认为是"现代管理之父"。他身兼数职，是作家、教师及企业战略和政策顾问。作为一名作家、管理顾问和教师，德鲁克的职业生涯横跨了将近 75 个年头。他曾与大量机构合作，包括宝洁、GE、IBM，以及美国女童子军等。他通过开创性的工作，将现代管理学变成了一门严谨的学科。他的影响力与创造力几乎触及现代管理学的每个方面，包括分权、私有化、授权，以及对"知识工作者"（the knowledge worker）的认识。他一生著书多达 39 本，发表了无数的学术论文和大众文章。他曾经在《华尔街日报》（*Wall Street Journal*）担任专栏作家，并且是《哈佛商业评论》（*Harvard Business Review*）等多家高端杂志的长期撰稿人。

德鲁克 1909 年出生于维也纳，先后在维也纳和英格兰接受教育。他在德国法兰克福的一家报社担任记者时，获得了公共及国际法博士学位。此后他曾经在伦敦一家跨国银行担任经济学家。1933年，德鲁克离开希特勒统治下的德国，前往伦敦，在一家保险公司担任证券分析师。四年后，他与多丽丝·施密兹（Doris Schmitz）结婚，夫妇二人于 1937 年前往美国。

1939 年，德鲁克在纽约萨拉·劳伦斯学院（Sarah Lawrence College）担任兼职教师。1942 年，他前往佛蒙特州本宁顿学院（Bennington College）担任政治学及哲学教授，并于第二年暂停自己的教师工作，前往通用汽车公司进行一项为期两年的组织结构研究课题。这次经历让他最终写出了《公司的概念》（*Concept of the Corporation*）一书。该书一经出版，便立刻在美国和日本大获成功，并因此形成了"伟大的公司应该成为人类最了不起的发明"这一理念。此后 20 多年，德鲁克一直在纽约大学研究生院担任管理学教授一职。任教期间，他被授予该学校的最高荣誉——"校长奖"。

1971 年，德鲁克移居加利福尼亚，在克莱蒙特研究生院（Claremont Graduate University）主导创办了美国第一个为在职人员举办的 EMBA 项目。1987 年，克莱蒙特大学以他的名字为学校的管理学院命名。2002 年春，他上完了自己的最后一堂课。多年以来，他的课一直都是该校最受欢迎的课程。

作为一名咨询顾问，德鲁克先后为多个政府部门、企业和非营利组织提供战略和政策咨询服务。他最聚焦的领域是组织和最高管理层的工作。他的顾客既包括全球顶级的跨国公司，也包括那些刚刚成立的小型和创业公司。在晚年，他把很多时间投入到非营利组织，包括大学、医院和教堂等，提供咨询服务。他曾经担任过美国政府多个部门的管理顾问，并为加拿大、日本、墨西哥等国家政府提供咨询服务。

无论在美国还是在其他国家，彼得·德鲁克一直都被认为是现代组织管理界最有影响力的思想家、作家、演说家。在过去的 60 多年里，德鲁克的作品对当代的各种组织，以及它们的管理层，产生了难以估量的影响。多年以来，德鲁克始终因其敏锐而深刻的见解和深入浅出地阐述理念的能力受到各个机构管理层的重视，并引领着管理学领域思考的论题。德鲁克管理理念的核心就是，在任何组织当中，人始终都是最重要的资源，而管理者的任务就是帮助人们做好准备，让他们自由地释放自己的潜能去创造绩效。1997 年，德鲁克登上《福布斯》（*Forbes*）杂志的封面，这期杂志的标题是"仍然是最年轻的大脑"；《商业周刊》（*Business Week*）称其为"当代不朽的管理思想家"。2002 年 6 月 21 日，彼得·德鲁克凭借其《卓有成效的管理者》和《21 世纪的管理挑战》（*Management Challenges for the 21st Century*）获得乔治·布什总统授予的自由勋章。

德鲁克在他的一生当中，先后在全世界不计其数的大学，包括美国、比利时、捷克斯洛伐克、英国、日本、西班牙、瑞士等国家的大学，被授予了荣誉博士学位。他还是致力于非营利组织管理的彼得·德鲁克基金会<sup>⊖</sup>的创始主席。2005 年 11 月 11 日，德鲁克去世，享年 95 岁。

---

㊀ 现更名为弗朗西斯·赫塞尔本领导力研究院。

## Peter Drucker's Five
## Most Important Questions

# 为什么要进行自我评估

彼得·德鲁克

　　组织使命和领导力并不是一些随便读读、随意听听的东西，你必须有所行动。自我评估能将良好的意图和有用的知识转化为有效的行动——不是在明年，而是从明天早晨开始。

美国人在自己生活的社区当中一向有着很强的公民意识。在美国，一共有 9 000 万名志愿者在非营利组织中工作——非营利组织是美国最大的雇主。毫无疑问，这些非营利组织对于美国人的生活质量至关重要，这也是美国社会最显著的特征之一。

40 年前，在非营利组织当中，管理还是相当令人反感的字眼。对当时的人们来说，管理意味着商业，而非营利组织绝对不会跟商业有任何关系。而今天，非营利组织开始清醒地意识到，它们比商业组织更加需要懂得管理，因为它们没有任何约定俗成的业绩标准。它们需要学习如何进行管理，只有这样，它们才能集中精力去实现自己的使命。但另一方面，几乎没有什么管理工具适合大部分非营利组织的特点和核心需求。

虽然一些非营利组织的管理水平丝毫不亚于企业，但绝大多数非营利组织的管理水平充其量只能拿到“C”。这并不是因为它们不够努力，事实上，大多数非营利组织都非常努力；而是因为它们没有聚焦点，没有合适的工具。我相信，这种情况很快就会得到改变。如今我们在彼得·德鲁克基金会的同事们就在试图改变这一切。

多年以来，大多数非营利组织都觉得，对于它们来说只要有一个良好的意愿就可以了。可在今天，我们都清醒地意识到，由于非营利组织没有一个清晰的业绩标准，所以我们必须比商业机构管理得更好，必须将管理的观念深深地植入组织使命当中。我们必须学会充分利用有限的人力和财力，使其能够发挥最大的效用。我们必须想清楚一个问题：**我们的组织的成果究竟是什么。**[1]

# 五个最重要的问题

自我评估的内容主要包括：你在做什么，为什么要这么做，怎样才能提高组织的绩效。一套完整的自我评估包括五个最根本的问题：**我们的使命是什么？我们的顾客是谁？我们的顾客重视什么？我们的成果是什么？我们的计划是什么？**自我评估的后续是采取行动，如果没有行动，评估将变得毫无意义。要想满足不断增长的需求，在动荡的环境中取得成功，社会部门的各种组织必须聚焦在实现自己的使命上，勇于承担起自己的责任，并且取得最终的成果。[2]

自我评估可以迫使组织努力去聚焦在实现自己的使命上。在美国，至少有80%的非营利组织规模都非常小，这些组织的领导者发现，每当有人带着一个好建议来找他们时，他们都很难拒绝。我曾跟几位在当地教堂工作的好朋友提出，他们至少应该停下手头上一半的工作——并不是因为这些工作不重要，而是因为这些工作根本不需要由他们来完成。我告诉他们："有人可以做这些事，而且比你们做得还要好。可能就在几年之前，你还需要亲自动手来开办一家农贸市场，因为当时你们这个社区的越南移民们需要有个地方来出售农产品。可如今它运营得不错了，已经不需要你再去操心。事实上，现在是你该考虑放弃这项工作的时候了。"[3]

如果不去认真征求"顾客"（请暂时不要跟我争论这个词）的

意见，你根本就不可能知道自己的组织应该产生怎样的成果。在商界，顾客就是你必须满足其需要的人或机构。如果不能满足他们的需要，你就根本不会取得任何成果，那样，你很快就会无生意可做。而对于一家非营利组织来说，你的顾客可能是你的学生、病人、会员、志愿者、捐赠者等，你必须认真地考虑这些人关心的问题，并努力去满足他们的需求和愿望。

问题在于，你并不清楚顾客到底有哪些需要，很容易做出一些错误的猜测。作为一名合格的领导者，你甚至不应该试图去猜测顾客的需要；你必须学会用一种系统化的方式去征求顾客的意见，以此来知道他们到底需要什么。在进行自我评估的过程中，你需要与你的理事会成员、员工和顾客进行一场四方对话；在展开讨论或做出决定时，你也必须考虑到他们各自的立场。[4]

# 计划并非一次性事件

在完成自我评估过程时，你会逐渐形成一套计划。计划经常被误解为"做出未来的决定"，但事实上，决定只存在于当下。你必须制定出一些具体的目标，将它们逐渐累积起来，最终确定一个未来的愿景。可如今大多数组织所面对的一个迫在眉睫的问题并不是"明天要做什么"，而是"我们今天应该做些什么来达成期望的结果"。计划不是一次性事件，而是一个持续不断的过程，在这个过程中，我们需要不断地加强那些行之有效的做法，放弃那些被证明是无效的做法；我们要不断地搜集尽可能多的信息，制定短期目标，通过系统化的反馈来评估绩效和结果，并随着情况的变化不断地进行调整。[5]

## 鼓励建设性的异议

我发现，所有一流的决策者都会遵循一个简单的规则：在讨论任何一个非常重要的问题时，如果你的团队很快就达成了共识，千万不要贸然做决定。当所有人很快达成共识时，很可能是因为大家都没有进行过调查研究。组织的任何一个决策都极其关键，而且具有一定的风险性，它们应该引发大家的争论。有句老话（这句话可以追溯到亚里士多德时代，后来成为早期基督教的一句箴言）是"原则统一，行动自由，凡事皆互信"（in essentials unity, in action freedom, and in all things trust），这里所说的互信，就意味着大家要开诚布公地发表不同的意见。⁶

对于非营利组织来说，要想形成一种"敢于创新，勇于负责"的氛围，领导者就一定要在组织内部培养一种健康的氛围，鼓励大家发表建设性的不同意见。非营利组织的领导者必须鼓励大家畅所欲言——因为所有人的出发点都是善意的。每个人的观点可能会有所不同，但诚意是相通的。如果没有适当的鼓励，很多人可能就会避免一些会引起争执（但对于组织来说却又至关重要）的争论，或者把自己的不同意见变成私底下的争斗。

之所以要鼓励大家各抒己见，另外一个原因在于，任何组织都需要有一些敢于唱反调的人。我这里所说的"唱反调的人"，并不是

指那些只会说，这样做是对的，那样做是错的——我们的做法介于
二者之间"的人，而是指那些敢于质疑的人，他们会问"我们到底
该怎么做"，并且时刻准备做出改变。要鼓励大家畅所欲言的最后一
个原因在于，开放式的讨论可以引出潜在的不同意见。当大家真诚
地参与到决策当中时，领导者根本不需要去说服下属执行某项决定。
经过开诚布公的讨论之后，每个人的建议都会得到认真对待，这样
形成的决定本身就成为一个行动计划了。[7]

# 创建明天的人民社会

自我评估实际上就是一个确立计划并帮助自己的组织成长为"业界领头羊"的过程。通过倾听顾客反馈、鼓励建设性的反对意见、观察最新的社会潮流等方式，你会不断拓展自己的视野。这些都有助于你做出一些至关重要的判断，比如"是否要改变组织使命""是否要放弃那些已经没有生命力的项目，将资源集中到其他地方""如何将眼前的机遇跟你的能力和目标相匹配"，以及"如何创建更加美好的社区，改变人们的生活"等。自我评估永远是领导者最重要的工作：你要不断地打磨自己的组织，不断地对组织进行重新定位，永远不要真正地感到满足——即使在你已经取得了真正成功的时候。如果等到组织开始走下坡路时才采取行动，形势就会变得非常糟糕。

记住，我们正在创建明天的人民社会，这一重担就落在我们的社会部门，也就是你所在的非营利组织的身上。在这样一个人民社会中，每个人都是领导者，每个人都要承担责任，每个人都要采取行动。所以说，使命和领导力并不是一些随便读读、随意听听的东西，你必须有所行动。自我评估能将良好的意图和有用的知识转化为有效的行动——不是在明年，而是从明天早晨开始。[8]

## Peter Drucker's Five
# Most Important
### Questions

## 问题之一

# 我们的使命是什么

- 我们现在的使命是什么?
- 我们所面对的挑战是什么?
- 我们的机遇是什么?
- 我们的使命是否需要调整?

每一个社会组织的存在都是为了使某些个体的生活和社会有所不同。今天，全美国有超过 100 万家非营利组织，每个组织的使命或许各不相同，但它们的出发点和终点都是改变人们的生活。一个使命不可能完全不带个人色彩，但它必须拥有非常深刻的内涵，你必须对它抱有坚定的信念，你坚信它是正确的事情。对于领导者来说，一个最基本的任务就是确保组织中的每个人都知道本组织的使命，能够理解并认真贯彻它。

很多年前，我曾经给一家大医院的管理者做过咨询，我们一起讨论了急诊室的使命。跟大多数医院的管理者一样，他们一开始也告诉我："我们的使命是提供保健服务。"这是个完全错误的定义。医院的任务并不是去关注健康，而是帮助人们战胜疾病。我们用了很长时间才得出一个非常简单且极其明确（至少大多数人都这么认为）的使命：设立急诊室是为了让患者安心。要做到这一点，我们首先必须了解患者的心理。在对社区进行调查之后，让这家医院的医生和护士们感到吃惊的是，对于病人来说，在他们的社区里，一间出色的急诊室最大的意义就在于，要让 80% 的病人确信：没什么大不了的，好好睡一觉就没事了。医生可以告诉家长："孩子只是得了感冒，他有些抽搐，但没关系，这不是什么严重的情况。"就这样，只要几句话，医生和护士们就可以让病人感到安心。

了解这些情况之后，我们最终确定了急诊室的使命。这个陈述听起来极其简单，然而，要把这个使命转化为实际的行动，就意着医院必须要做出调整，让每一位走进急诊室的人都能够在不到一分钟的时间里就受到专业人员的接待。要想做到这一点，第一个目标就是确保医生或护士能够看到每一个走进急诊室的人，而且是在病人刚走进急诊室的那一刻就立即看到——因为这是唯一能让病人感到安心的方式。

# 使命可以印在 T 恤上

彼得·德鲁克

有效的使命陈述通常是简短而明确的。它完全可以被印在一件 T 恤上。使命会告诉你为什么要做某些事——而不是如何去做。使命往往是宽泛的，甚至是永恒的，但它却能够指引我们做出正确的选择，确保组织中的每个人都能告诉他自己，"我所做的事情有利于实现整个组织的目标"。所以，使命必须清晰而激动人心，要确保每一位理事、志愿者和组织成员在看到组织使命之后都能明确地告诉自己："是的，这就是我希望能够流传后世的东西。"

要想制定出一份有效的使命，你必须学会让机遇、能力和目标三者之间形成完美的匹配。每一个出色的使命都必须同时契合这三个要素。你首先要了解外部环境。那些只考虑自身情况、只懂得由内而外制订计划的组织注定会失败——因为它们的目光只盯着昨天。我们生活的这个世界每天都在变化：人口统计数据在不断变化，人们的需要也在不断变化。所以，你必须设法去了解那些即将发生或者已经发生的事情，同时还要弄清楚你的组织当前所面对的挑战和机遇。作为领导者，你别无选择，只能努力去预见未来，并努力去塑造它。你要记住，"那些满足于随潮流而上的人一定会随着潮流而落"。

毫无疑问，普通人并没有预见未来的天分，因此，你需要认真评估组织可能会面临哪些机遇。

你必须学会审视整个行业当前的状况，以及组织外部环境的变化、竞争态势的变化、融资环境的变化……所有这些因素都要考虑。当然，无论如何变化，医院都不会去卖鞋，也不会大规模地进军教育领域，它们的主要任务仍然是照顾病人，但每家医院具体的目标可能会有所改变，当前对它来说最重要的事情，过段时间可能就变得不再那么重要了。不可否认，任何一个组织手头的资源（包括人力、财力，还有其他资源）都是非常有限的，所以你要经常问自己："我到底该将这些资源投到什么地方才能有所作为？我需要在哪里设定一个更高的绩效标准？怎样才能最大限度地激发我的责任感？"

# 做坚持原则的决定

*彼得·德鲁克*

一个警示：**永远不要让你的使命服从于金钱**。如果有一些机遇可能会威胁到组织的诚信，你一定要说"不"，否则你就会出卖自己的灵魂。

我曾经跟一家博物馆的管理层讨论过一笔很重要的艺术品的捐赠，其开出的条件是任何一家洁身自好的博物馆都无法接受的。尽管如此，还是有几位理事说："接受吧。我们可以以后再改变这些条件。"但也有人表示反对："不，我们不能昧着良心做那件事！"整个委员会为此争论不休。可最终还是达成了共识：如果为了讨好捐赠者而向基本原则妥协，那对博物馆将是巨大的损失。就这样，理事会失去了几座十分精美的雕塑，坚持把自己的核心价值观放在第一位。

# 始终牢记的事情

### 彼得·德鲁克

在进行自我评估的整个过程中，你一定要把最核心的问题，即"我们的使命是什么"始终放在第一位。然后，你再一步一步地分析清楚自己所面对的机遇和挑战，找出自己的顾客，了解他们在乎什么，并认真定义你想要得到的结果。在制订计划之前，你需要根据了解到的情况，重新审视本组织的使命，并决定是要继续坚持，还是要做出改变。

在开始进行自我评估之前，我想跟你分享一句 17 世纪著名诗人、宗教哲学家约翰·多恩（John Donne）在一次布道时说过的话："想要成就永恒，别等到明天才开始，因为永恒绝非一蹴而就。"我们一定要立足长远，然后反过来问自己："我们今天要做什么？"记住，最重要的并不是你的使命听起来有多漂亮，而是你的实际表现。[1]

# 我们的使命是什么

吉姆·柯林斯

我们的使命是什么？这个简单的问题却直指任何一家伟大的机构的核心：延续性和变革之间的动态交互作用。每一个真正伟大的组织都展示了"在促进变革的同时保持自己的核心能力"的特点。一方面，它必须谨守一定的核心价值观，即历久不变的核心使命；另一方面，它要促进变革，即学会改变、改进、创新，甚至是彻底更新。对于那些伟大的组织来说，虽然组织的运营情况、组织文化、战略战术、流程结构和方法都会随着外部环境的变化而不断变化，但组织的核心使命却几乎没有任何改变。事实上，那些根据外部环境的变化第一个做出改变的组织，往往也最清楚哪些东西是**不能**改变的；为了能够更加轻松地进行调整，组织事先确立了一套不变的指导原则。它们非常清楚哪些东西是神圣的，哪些不是；哪些东西永远都不能改变，哪些随时都可以改变；哪些是自己的立足之本，哪些只是做事的方法。

举个例子，最优秀的大学都非常清楚，自由探索的理想必须作为指导原则保持不变，而终身制的运营实践会不可避免地改变。年代最久的教堂都知道，宗教的核心思想必须保持不变，而具体实践和礼拜场所则可以随着年轻一代生活环境的改变而改变。德鲁克所说的"使命"就像一剂巨大的黏合剂，能够在组织进行扩展、去中心化、全球化、多样化的过程中将所有成员都紧紧地黏合在一起。这有点儿像犹太人的教义，虽然几百年来犹太教徒被四处驱赶、居无定所，但犹太人却始终坚守自己的教义，紧紧地团结在一起。或者正像美国的《独立宣言》（*Declamtion of Independence*）中所述的真理一样不言而喻，或是那些将不同国籍的科学家牢牢地团结在一起的永恒的理想，他们甘愿放弃一切，却始终致力于推动人类知识进步的共同目标。

组织的核心使命能为你提供具体的指导，它不仅能告诉你该做什么，还能告诉你不该做什么。社会组织的领导者们总是会因"为世人行善"而感到自豪。可问题是，要想发挥最大的作用，他们必须学会坚守本组织的核心价值观念；要想最大限度地行善，他们必须学会顶住偏离的压力，坚持不做任何偏离组织使命的事情。当弗朗西斯·赫塞尔本担任美国女童子军领导者时，她坚守一个简单的准则："我们聚集在这里只有一个目的：帮助青少年女性发掘自己的最大潜力。"她坚定地率领女童子军完成了那些对其成员有重要意义的活动，而且只参与这些活动。当一家慈善组织希望与女童子军建立合作关系，想要派遣这些满脸微笑的女孩子挨家挨户地为这家组织做宣传的时候，赫塞尔本控制住了自己想要有所作为的冲动，礼貌而坚定地拒绝了对方。即便这是一个"一生难求的机遇"，甚至是"一生难求的融资机会"，也只是一个事实，而不是采取行动的必要理由。记住，如果某个机遇跟你的组织使命并不相符，你的答案一定要是："谢谢，但我不能这么做。"

随着我们生活的这个世界变化越来越快，使命的问题愈发重要
起来。无论世界如何变化，人们仍然有最基本的需求，就是想要归
属于某种能让自己感到自豪的事业。人们也非常需要指导性的价值
观和目的感，以使自己的工作和生活有意义。人们需要与其他人建
立连接，与他们分享信念和愿望。人们也急切地需要一套指导性的
哲学思想，一座能够在黑暗中和动荡的时代为他们指明方向的山巅
灯塔。跟过去任何时候相比，如今的人们更加要求自主、自由和责
任，同时也要求他们所在的组织能够坚守自己的信念。

# 你的使命是什么

*马歇尔·戈德史密斯，凯利·戈德史密斯*

对于"我们的使命是什么"这个重大问题，尽管有关它在组织中应用的文献不计其数，但在个人应用方面却鲜有所闻。

我（马歇尔）有幸与彼得·德鲁克探讨过这个问题。我问他："彼得，您花费了大量时间去帮助组织确定其使命，那么，您的使命是什么呢？"

他回答说："我的使命就是帮助人们和组织实现他们的目标。"随后，他又笑着说："前提是这些目标总得符合伦理道德吧。"

针对快乐和意义与组织和个人的生活满意度之间的关系，我们刚刚完成了一项大型研究。我们了解到了什么呢？在确定个人的使命时，你必须确保兼顾到他们的快乐和意义。

"快乐"这个词指的是对过程本身的享受，而不只是享受实现的成果。换句话说，在"快乐"的最高境界上，你热爱你正在做的事情。

而"意义"这个词指的是你的工作结果所带来的价值。在"意义"的最高境界上，你深信，你正在做的事情所产生的结果是非常重要的。

当我们要求被调查者定义快乐和意义对他们意味着什么时，我们了解到，每个人对这两个概念都有自己的定义，而每个人的定义只对自己才重要。任何人都不可能告诉你，什么事情会让你感到快乐，也不会有人告诉你，哪些东西对你而言是有意义的。这两个问题的答案只能发自你的内心。

那么，我们的研究到底得到了怎样的结果呢？那就是实现对工作与家庭生活高度满意的唯一途径，就是让自己置身于那些能够同时带来快乐和意义的活动。

有些人将很多时间花费在有趣但却没有意义的娱乐性活动上，这让他们觉得自己的生活肤浅、乏味。他们对自己的工作与家庭生活并非十分满意。

这个针对工作满足度的结果并不令我们感到意外，但是在家庭生活上的结果如此一致，确实让我们感到有点吃惊。这表明，过度关注娱乐性的结果可能是弊大于利的。

有些被调查者则指出，他们将大量时间花在有意义的活动上，但却很少能获得享受感，感觉似乎像个殉道者。尽管他们相信自己正在做的事情非常重要，但无论在生活还是工作中，他们都没有感觉到快乐。

在我们研究的被调查者中，总是对家庭和工作表露出极大满足感的人群，则是将大部分时间花在了兼具快乐和意义的活动上。

在这个问题上，德鲁克本人就是一个极好的案例。他热爱自己的工作，丝毫不渴望退休。工作让他感到快乐。与此同时，他也深知自身工作的重要性。因此，工作又赋予他意义和价值。在现实生活中，这也是我们所能企及的最高境界。

那么，我们从中又能得到哪些启发呢？

1. **为自己制定清晰的个人使命。**德鲁克经常说，我们的使命陈述应该简洁而清晰，它应该能"适合印在 T 恤上"。

2. **务必要保证，在你成功地实现自己的使命时，你因此而得到的结果对你来说非常重要。**不要欺骗自己，只做对自己真正有意义的事情。

3. **一定要保证，实现使命的过程就是一个你热爱的过程。**生命是短暂的。除非你的目标是做一名殉道者，否则，一定要做使你快乐的事情。

4. **德鲁克还送给我们另外一条建议：一定要学会研究如何利用自己的时间。**一定要想方设法最大限度地延长使你既快乐又有意义的时间。在可能的情况下，你要尽量消除那些不能兼具快乐和意义的活动。

因此，"你的使命是什么"这个伟大的问题，不仅对组织的成功至关重要，对个人的成功甚至更加重要！

# 送给 "千禧一代" 的启发

*米切尔·拉德帕沃尔*

2009 年春天，哥哥戴夫找到我和法比亚，建议我们花些时间，把对我们来说最重要的事情写成文字。当时，我们的公司 Holstee 才刚刚成立三个月，我们有一大堆的事情要做，偏偏又赶上了我们这一代人遇到过的最坏的经济衰退期。不过，我们还是感觉到，把这件事写成文字肯定会有助于我们的发展。尽管这家初出茅庐的公司还有很多事情等着我们去做，但是，我们两个人都没有质疑这个建议。

首先，我们都认为，不管我们写的是什么，都会是对未来的自己很重要的信息，因为这些信息来自我们的思想非常清晰的时刻。我们也认为，这是从非财务角度定义成功的最好时机。于是，我们谈到诸如爱、食物、旅行、关系，还有我们的希望和梦想这些主题。在归纳出这些最重要的事物之后，我们开始将它们转化为文字。此外，我们还决定把这些文字放在我们永远都不会忽略的地方——公司网站的主页，并称这些心得为"生活宣言"（如图 1-1 所示）。

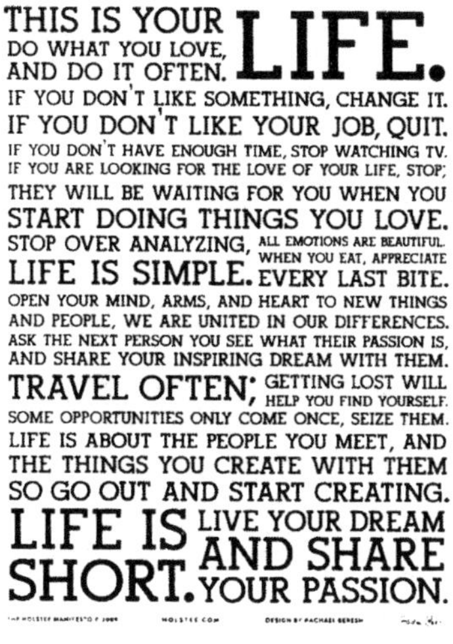

THIS IS YOUR **LIFE.**
DO WHAT YOU LOVE,
AND DO IT OFTEN.
IF YOU DON'T LIKE SOMETHING, CHANGE IT.
IF YOU DON'T LIKE YOUR JOB, QUIT.
IF YOU DON'T HAVE ENOUGH TIME, STOP WATCHING TV.
IF YOU ARE LOOKING FOR THE LOVE OF YOUR LIFE, STOP;
THEY WILL BE WAITING FOR YOU WHEN YOU
START DOING THINGS YOU LOVE.
STOP OVER ANALYZING, ALL EMOTIONS ARE BEAUTIFUL.
**LIFE IS SIMPLE.** WHEN YOU EAT, APPRECIATE EVERY LAST BITE.
OPEN YOUR MIND, ARMS, AND HEART TO NEW THINGS
AND PEOPLE, WE ARE UNITED IN OUR DIFFERENCES.
ASK THE NEXT PERSON YOU SEE WHAT THEIR PASSION IS,
AND SHARE YOUR INSPIRING DREAM WITH THEM.
**TRAVEL OFTEN;** GETTING LOST WILL HELP YOU FIND YOURSELF.
SOME OPPORTUNITIES ONLY COME ONCE, SEIZE THEM.
LIFE IS ABOUT THE PEOPLE YOU MEET, AND
THE THINGS YOU CREATE WITH THEM
SO GO OUT AND START CREATING.
**LIFE IS** LIVE YOUR DREAM
**SHORT.** **AND SHARE** YOUR PASSION.

THE HOLSTEE MANIFESTO © 2009    HOLSTEE.COM    DESIGN BY RACHAEL BERESH

图 1-1  Holstee 的生活宣言

译文如下：

这就是你的生活。

去做你喜爱的事情，多去做。

如果你不喜欢什么，就改变它。

如果你不喜欢你的工作，那就辞了吧。

如果觉得时间不够用，那就别杵在电视机前了。

如果你在寻找你对生活的爱，请停止这样做。

因为当你去做你热爱的事情时，它们就出现了。

停止过分分析，所有的情绪都是美丽的。

当你吃东西时，去细细地品尝每一口。

生活就是如此简单。

敞开你的头脑、双臂和心扉，去拥抱新鲜的人与物。

我们如此不同，却团结一致。

告诉下一个人，你看到了他们的激情所在，与他们分享你激动人心的梦想。

多走出去看看外面的世界，即使陷入迷途，也可以帮你找到真实的自我。

有时，机会只有一次，不要让它从指缝中溜走。

生活是关于你所遇到的人，事情是你与他们共创的。

所以走出去，开始创造吧。

人生苦短。

勿忘梦想，共享激情。

在随后的年月里，这张"宣言"取得了意想不到的关注。它逐渐成为网络乃至全球最走红、转载频率最高的图片之一，最终也成为线下最受欢迎并被广泛采纳的印刷品之一。但最重要的是，这个宣言也成为我们公司的使命陈述。《华盛顿邮报》（*Washington Post*）将它称为年轻一代人"最应该做的事情"。这一切的核心，即 Holstee 存在的理由，就是让我们每个人都能时刻牢记什么是最重要的。对我们来说，这就是最重要的事情！

# Peter Drucker's Five
# Most Important
## Questions

## 问题之二
# 我们的顾客是谁

- 我们的主要顾客是谁？
- 我们的支持性顾客是谁？
- 我们的顾客将会如何变化？

就在不久前，**"顾客"** 这个词在社会组织中还鲜有耳闻。非营利组织的领导者经常会说："我们可没有顾客。那只是市场营销方面的术语。我们有客户、接受捐赠者或是患者。我们有观众，还有学生。"对此，我不与之争辩，相反，我会问："组织要实现成果，必须让谁感到满意呢？"在他们回答这个问题时，也就定义了顾客，就是那些认为非营利组织的服务能给他们带来价值的人，那些需要非营利组织的服务的人，那些认为非营利组织的服务对他们很重要的人。

社会性组织通常有两种类型的顾客。首先是主要顾客，他们的生活会因为社会性组织的工作而发生变化。有效性要求专注，这就意味着"谁是我们的主要顾客"这个问题很重要。那些关注了太多方向的人，分散了精力，削弱了他们的绩效。其次是支持性顾客，包括志愿者、会员、合伙人、出资者、介绍人、雇员及其他必须要满足的人。这些人都是可以对你说"不"的人，他们可以选择接受或拒绝你的服务。你可以通过多种方式满足他们的需求。譬如，你可以为他们提供有意义的服务机会，引导他们和你共同致力于彼此坚信的成果，或者结盟来满足社区的需求。

主要顾客绝不是你**唯一**的顾客，如果你只满足一类顾客的需求，而不能满足其他顾客的需求，就意味着没有绩效。这很容易使人们以为有不止一个主要顾客，但卓有成效的组织却能抵挡住这种诱惑力，保持一个焦点——主要顾客。

# 识别主要顾客

*彼得·德鲁克*

我们不妨用一个正面的例子来说明，如何在复杂环境下发现并聚焦于主要顾客。有一家中等规模的非营利组织，它将自己的使命定义为**提高人民在经济和社会中的独立性**。为此，它计划在 4 个不同领域开展 25 个项目。但是，在过去的 35 年里，它始终只聚焦于一类主要顾客：**在就业过程中面对诸多障碍的人**。最初，这类主要顾客仅限于生理上的残疾人。但是到了今天，其主要顾客的范围不仅包括残疾人，还涵盖无法获得社会福利救助的单身母亲、失业的上了年纪的劳动力、居住在社区中的患有慢性和持续性精神疾病的人，以及那些长期依赖化学药品的人。每一类人都属于具有一个共同特征的主要顾客群，即在寻找工作时会遇到多种障碍。每一个项目的结果都是根据这些顾客能否找到并维持一份具有生产力的工作来衡量。

主要顾客未必是你可以接触到的人，或是可以坐在一起直接沟通的人。主要顾客也有可能是新生儿、濒危物种，或是属于未来一代的某个人。不管你能否与他们进行积极的对话，识别这些主要顾客群体使你能够明确工作的优先顺序，在制定事关组织价值的重大关键性决策时有一个最基本的参照点。

# 识别支持性顾客

*彼得·德鲁克*

美国女童子军是世界上最大的女童组织，也是一个典型的服务于单一主要顾客——女童的非营利机构。它很好地诠释了如何在为主要顾客（即女童）提供服务的同时，还能赢得许多支持性顾客的满意——他们所有人都随时间而发生改变。长期以来，女童子军坚持的首要目标就是为美国的所有女孩提供平等生活的机会。1912 年，女童子军的创始人就曾经说过："我要为每个女孩做点事情。"曾在1976—1990 年担任该组织国家执行董事的弗朗西斯·赫塞尔本对我说过："我们看到预测，结果显示，到 2000 年，1/3 的美国人口将属于少数族裔人群。很多人对未来，以及这种新的种族和民族的组成可能带来的影响感到恐惧。但我们认为这是一个前所未有的机会，我们可以通过一个项目，帮助所有的女孩更好地度过成长年华，而这对她们而言要比以往困难得多。"

要维持一个不断变化的顾客群体，首先就意味着要从新的视角来看待支持性顾客。弗朗西斯指出："一个住房项目涉及数百位年轻女性，她们确实需要这样一个项目来解决实际问题。此外，很多家庭也希望以此为他们的孩子创造更美好的未来。重要的是，当我们接触每一个种族和经济群体的女孩时，都需要了解这个群体非常具体的需求、文化、接受程度等。于是，我们开始与很多支持性顾客

开展合作，包括牧师、住房项目负责人和女孩们的父母等———批
来自当地社区的人。我们招募项目管理人，并在相关社区对他们进
行培训。我们必须展现出对当地社区居民的尊重，以及我们服务于
该社区的愿望。她们的父母也必须清楚，这对他们的孩子而言是一
次积极且正面的经历。"

# 了解你的顾客

*彼得·德鲁克*

顾客从来不是静态的。对于你所服务的这个群体，其成员的数量必然会随着时间的推移而增加或减少。他们必然会变得越来越多样化。他们的需求、愿望和预期也会不断变化。可能会有全新的顾客出现，而你必须要满足他们的要求才能实现成果——这些个体确实需要服务，也想要得到你的服务，但绝不是以目前你提供这些服务所采取的方式。还有一些顾客则需要你立刻**停止**为他们提供服务，因为他们所在的组织已经满足了他们的需求，或是因为他们可以从其他人那里得到更好的服务，也有可能是因为你已经不再能产生成果了。

因此，回答"我们的顾客是谁"这个问题，可以为我们判断顾客的价值所在、定义我们的工作结果并制订行动计划提供一个合理的出发点。但是，即便你经过了深思熟虑，顾客依然会让你出乎意料，所以，你必须准备好去做出调整。我记得一位牧师朋友在提到一个新项目时说："太好了，对新婚夫妇来说这绝对是一个好得不能再好的项目了。"项目本身确实很成功。但是，这位亲自设计并运营这个项目的年轻助理牧师，却不得不面对一个他未曾预料到的尴尬局面：没有一对新婚夫妇报名参加他的项目，相反，所有参与项目的人都是年纪轻轻的未婚同居者，他们参与只是为了搞清楚他们是否应该结婚。于是，年长的牧师不得不绞尽脑汁地让助理牧师接受这个事实，但助理牧师却不谙世事地认为："我们的项目根本就不是为他们设计的！"怒气冲冲的助理牧师甚至想把这些同居者赶出去。

在很多情况下，顾客领先你一步。因此，你必须**了解自己的顾客**，或者尽快地去了解他们。你必须一再地反问自己："我们的顾客是谁？"因为顾客始终在变化。只有致力于结果并始终坚持其基本理念的组织，才能适应不断变化的顾客，并随着顾客的变化而变化。[1]

# 我们的顾客是谁

菲利普·科特勒

40 多年前，彼得·德鲁克曾告诉我们："企业唯一的目的就是创造顾客……公司的唯一利润中心就是顾客。"通用电气前首席执行官杰克·韦尔奇把这一点讲得更透："任何人都不能保住你的工作，只有顾客才能保住你的饭碗。"在互联网时代，顾客掌握了太多的信息，而且他们每天都能进行信息和意见的交换，因此，今天的公司终于意识到，它们已经拥有了一位新的老板：它们的顾客。福特公司一位见解独到的高管曾说过："如果我们不以顾客利益为出发点，我们的顾客就不会开我们的汽车。"

假如彼得·德鲁克今天还在的话，他肯定也会调整一下自己的观点。他会说："最优秀的公司不是创造顾客，而是创造自己的粉丝。"他甚至会说，重要的已经不再是报告今年的利润有多少，而是去看看公司在顾客心目中的地位在这一年里又上升了多少。

我们必须更加努力地去理解我们的顾客到底是谁。传统思维认为，顾客会听到我们，也许最终会选择我们的产品。但新的思维则告诉我们，公司必须主动去选择自己的顾客。我们甚至可以拒绝与某些顾客做生意。我们的工作不是毫无选择地去取悦所有人，而是要让我们的目标顾客感到情真意切的快乐。

因此，我们的第一个任务就是定义我们的目标顾客。这个定义会影响到方方面面：我们的产品及其特性的设计、分销网络的选择、对外宣传的措辞、营销媒体的选择及定价等。

要对顾客进行定义，就必须采取更宽泛的视角去看待顾客的购买过程。任何购买行为都是诸多角色共同发挥作用的产物。我们不妨以家庭购买新汽车的过程为例。购买决策的发起可能源自一个家庭的朋友，他在不经意间提到一款让他念念不忘的新车型。而家中十几岁的男孩或许就是选择车型的影响者。最终做出购买决策的人可能是妻子，而购买者是丈夫。

营销人员的工作就是辨识出这些角色，并利用有限的营销资源去触动对最终决策影响力最大的那个人。因此，营销人员和销售人员需要有能力把决策过程中各种角色的看法、偏好、价值观勾勒出来。

今天，很多公司都实施了**顾客关系管理**（CRM），也就是说，他们能够收集大量有关顾客交易和交往的信息。譬如，大多数制药公司都掌握了大量医生个人的信息，这些信息涉及他们的价值取向和偏好等诸多深层次的特征。但有趣的是，我们却发现这些信息还远远不够，因为它们无法抓住**顾客体验**的质量。关于顾客的简单信息管理，并不能保证顾客体验的满意度。中国有一句俗语："见人三分笑，客人跑不掉。"

归根结底，我们必须清楚谁是目标顾客，哪些人和哪些事情会影响到他们，以及如何为他们创造出高度满意的顾客体验。务必牢记，今天的顾客正在越来越多地强调价值，而不是关系。你的成功最终取决于你能在多大程度上帮助你的顾客取得成功。

# 一切以顾客为中心

拉古·克里希纳穆尔蒂

2014 年 7 月初，约什·埃德尔森（Josh Eidelson）在《彭博商业周刊》（*Bloomberg Businessweek*）的劳动力专栏中发表了一篇名为《Uber：让城市爱恨交加》的文章。作为一种新的城市交通方式，Uber 与全球各大城市现有的出租车运营体系形成了直接竞争。尽管车辆陈旧落伍，内饰如同牛棚一般简陋，车费居高不下，而且以信用卡付款还要收取额外费用，出租车这种传统的城市运输方式依旧坚不可摧，但以网络打车软件为平台的 Uber 却给了它当头一击。假如你让我在 Uber 的专车和出租车之间进行选择，即使我不回答，你也知道我的答案会是什么。你可以使用 Uber 的软件叫一辆漂亮的新车，当然还有一位着装整洁、外表时尚且极专业的司机，再用软件支付车费，而且既没有小费，也不会出现额外的收费。坐在这样的车里，你自然会感到舒适、安全，而且你享受的服务绝对是有保障的。当然，传统的出租车司机会感到怒不可遏，因为软件叫车服务的出现，给这个运转良好的平庸行业带来了巨大威胁，因此一些城市已经开始禁止这种新模式。

但如果问问顾客，Uber 肯定会成为他们的首选。毕竟，他们喜欢 Uber 所提供的这种服务的舒适、便捷、高质量、可预测的特点。既然如此，我们为什么不选择 Uber 呢？

在《彭博商业周刊》发表的这篇文章中，作者给 Uber 做出了高达 179 亿美元的市场估值。正如彼得·德鲁克所言，如果"企业的目标就是创造顾客"，那么，Uber 恰恰击中了这一点。它实际上是在为自己创造粉丝，而不仅仅是顾客。

无论 Uber、Airbnb、Cree、Rent the Runway、亚马逊、谷歌（Google）还是脸书（Facebook），都是将顾客至上这一思想作为商业模式本身的新时代典范。因此，毫无疑问，它们必将给商业和这个时代的基本内涵带来深远而巨大的影响。

假如彼得·德鲁克在今天还活着，他或许会对"平庸"有一种新的感受。当德鲁克第一次指出顾客是企业战略之核心的时候，他已经在某些方面超前于他所处的时代了。那个时代的主导思想是将创造股东价值视为商业模式的最高目的，但是他始终坚持将顾客放在组织目标最核心位置的观点，显然是具有预见性的。今天，他所阐述的哲理似乎已成为自然而然的规律。无论规模大小、无论新老，不管是全球性的还是地方性的，任何组织都必须将它们的业务核心看作是为顾客服务，并围绕顾客重塑自己的价值主张。其他的一切，包括股东价值在内都只是这个基本事实带来的产物或衍生物。归根结底，德鲁克的思想在今天比以往任何时候都更加关键。在我们还没有听说过"千禧一代"这个词之前，他就已经成为"千禧一代"了。

这就是最有趣的事情。德鲁克的思想如此之深远，他没有将自己的聚光灯停止于顾客；他接着警告说："顾客的概念绝不是静止不动的，组织必须随时做好准备，应对顾客的日趋多元化，满足他们不断变化的需求、愿望和志向。"他指出，在顾客群体瞬息万变的世界里，企业的成功依赖于其为顾客成功所做出的贡献。随时把握顾客这个动态世界的脉搏，将成为企业生存的关键，否则，企业就有可能面临被顾客抛弃，进而丧失其存在理由的危险。

通用电气是一家拥有 130 年历史的大公司。作为道琼斯指数第一批成员中唯一的幸存者，通用电气能够保持与市场共进，最主要的原因就在于，它成功地实现了演进，并在漫长的历史中始终保持着青春焕发。而通用电气的创始人托马斯·爱迪生也不仅仅是发明了电灯泡（和其他人们熟知的一大批发明），他实际上简直就是发明了"发明"。任何一个组织都不仅仅是因其产品而生存，它们之所以经久不衰，是因为它们一直在围绕着产品不断地发明和革新其组织流程。在某种意义上说，21 世纪最伟大的创新将不会是关于产品或技术的，而是在于我们如何通过组织自己的资源来为顾客交付价值。通用电气不断地重新审视和重塑自我，使得它始终与顾客需求保持同步，这已成为企业文化基因中不可分割的一个部分。换句话说，通用电气始终遵循着德鲁克的传世哲理：通过"有计划的放弃"来不断提升自己。

德鲁克始终强调"计划不等于谋划未来"，相反，"在面对不确定性的时候，需要通过计划确定你想要实现的具体目标，以及你打算**如何**实现这个目标"。今天，他的警示已成为制定组织战略与导向的航标灯。德鲁克所倡导的顾客内涵及其重要性，已成为当今商业世界的"日常用语",使他的观点成为传世名言。有变化的是,我们如何基于发生在本世纪的变化转变自己所采用的方式。这些转变,比如技术断层、从信息时代向社交时代的迁移、人口结构变迁(主要体现为"千禧一代"与"婴儿潮"一代的人口对比),以及由此带来的心理差异,不仅已被众多研究所证实,而且也成为流行的管理理论中不可或缺的组成部分。但是,尚未被充分理解的是组织如何通过自身变迁来满足这些新的现实。因此,真正做到这一点的,并不是 Uber 或者 Airbnb,甚至也不是谷歌和脸书——因为它们毕竟只是新时代的产物,而是通用电气或其他有能力在任何环境下继续胜出的公司。

通用电气的董事长杰夫·伊梅尔特推行了一项名为"简约化"的活动,其实质就是在大公司的实体内采取小公司的思维。通用电气的业务遍布全球 170 多个国家和地区,其业务也涉及从电灯到飞机发动机等诸多领域。他很清楚,了解目标顾客的需求并对这种需求做出快速响应,才是这个活动的目的。

这场"简约化"活动包含四个基本要素。

**1. 精益管理**。这是首先需要具备的启动工具包,将其纳入像通用电气这样的组织内部。而进行精益管理则需要我们改变思维方式,必须做到灵活、敏捷、愿意尝试并在学习中不断成长。这种管理方式恰恰从一个方面检验了德鲁克提出的问题:"我们是否正在,或者说能否创造出足够出色的业绩,从而为我们将资源投入到这一领域提供一个充分的理由?"如果不能的话,我们能否改变方向(或者说进行转型)？精益管理要求企业的每个决策都必须以顾客为核心，让他们不只是产品和服务的接受者，还是生产产品和服务过程中的参与者。此外，精益管理还要求企业做到认真、一丝不苟和聚焦。

**2. 商业与顾客强度。** "简约化" 活动的第二个要素是解决如何获得顾客首肯的问题。我们如何通过组织资源确保按照顾客要求的时间、地点和方式为其提供产品或服务？此外，我们该如何预见、分析并提供顾客所需要的解决方案，从而让我们的目标顾客群感到非常满意？这就是说，组织模式必须更加以顾客端为导向，而且每个人和每个流程都必须相互协调，使顾客端界面为顾客提供高质量的体验。于是，顾客端的真实感受被转化为衡量组织成功的基本标准。产品和服务的数据是挖掘洞见的金矿；有了这座金矿，商业团队就能在需求出现之前预先提出解决方案，而不是在顾客需求出现之后才做出被动反应。所以，商业能力、组织模式、成功的衡量标准和数据能力，在通用电气都进行了创新，以使变革得以实现。

**3. 以服务为焦点。** 在日趋复杂的环境下，人们越来越多地将产品看作是达成结果的手段，因此，知道 "结果" 是什么，并围绕结果搞清楚其价值主张就成为成功的关键。比如，你购买喷气发动机不再是为了给飞机提供动力，你购买的是燃料的效率；你购买的不只是灯泡，买的是耐用性；你去医院的目的是预防疾病，而不只是治疗已经缠身的疾病。因此，对价值的考量也必须从产品思维转化为顾客思维。顾客到底想解决什么问题？围绕着产品创新提供多种多样的服务创新，提高了产品的差异性。譬如，iTunes 为 iPod 带来差异化，手机软件使智能手机产生差异。同样，提供飞机航线的实时数据，并利用这些数据前瞻性地避免意想不到的事故和意外，同样会带来难以估量的价值。

**4. 技术**。当今最具话语权的生产要素或许就是层出不穷的技术。云技术、工业互联网、物联网、3D 打印、工业自动化和其他各种创新，为企业生产产品和服务提供了不计其数的新工具，让它们的生产更快、更智能化，成本也更低。通用电气在这些领域进行了大量的投入，因此可以为顾客提供独一无二的价值。例如，可以通过智能装置遥控开关的 LED 灯管，就是一个新技术与传统硬件相结合的典型范例，它们带来的排列组合的可能性是其他方式所无法实现的。

对公司而言，最根本的真理，同时也是最根本的衡量标准，是由顾客决定的。作为先驱者，德鲁克最早提出以顾客为中心的思想。今天，这一思想带来的收益已经为我们所享用。新的组织不断建立，从而应对未被满足的需求的挑战。正如德鲁克所预言的那样，最终的受益者是顾客。但德鲁克又进一步指出，那些勇于面对挑战的组织，将具有对顾客的反馈做出快速响应、不断反省自己、推动创新并拥抱变化的能力。

在通用电气，我们将这种持续不断的变革总结为一句意味深长的口号：我们一起行动！因为我们深信不疑：当我们为顾客解决问题时，顾客就会成长；当顾客成长时，我们也会随之长大。

# 送给 "千禧一代" 的启发

卢克·欧文斯

当彼得·德鲁克提出"我们的顾客是谁"这个问题时，他关注的是主要顾客，而且作为年轻人，这个主流群体极有可能激励你加入公司。但是，在很多行业中，你经常面对的实际上并不是主要顾客，而是扮演支持性角色的顾客。因此，把支持性顾客看作与你共事的伙伴，不仅可以为组织提供成长动力，也有助于你更好地投身于使命的实现。

在我们的赋桥集训营（Fullbridge Program）⊖中，我们始终联络一些独立签约导师，让他们在为期一个月的新学员训练营项目中担任教练。我们每年都会聘请一批具有专业技能的商业人士，采用我们的资料为参加训练的商界新人提供指导。由于采用标准化的课题和方式（工作手册），我们达到了稳定、可重复的训练效果。不过，这种自上而下的方法缺乏灵活性，一次次交付取得的进步很有限。

我们逐渐意识到，对于赋桥集训营项目吸引来的这些独立签约导师而言，他们既是在自己职业生涯中的过渡阶段，也有兴趣创造

---

⊖ 由兰登书屋前 CEO、哈佛商学院教授彼得·奥尔森及其妻子于 2010 年
创立的一种全新模式的商学院，与 MBA 类似，但更加注重速度。他们
为集训营的毕业生设计了一种全新的认证：XBA。——编者注

更多的价值。因此，我们对项目参与者采用的方法进行了调整。通过澄清哪些是必须做的事情，再删除所有不必要的任务，从而鼓励参与者开发自己独特的方法，而我们则专注于管理他们的职业发展。结果，我们的产品能够更好地服务于顾客，而独立签约导师也可以更有效地设计其教学方法及课程安排。

未来的支持性顾客就是像这些独立签约导师一样的群体。随着社交工具的扩展，短期雇佣性的人才市场迅速膨胀。因此，如果善于利用这些工具，企业就可以把人才需求的波动性转化成强大的创新资源。只有认识到合作者的需求和动机，我们才能打造一个推动人们去实现组织使命（和满足主要顾客）的系统，那是最能够激发人们的。

# Peter Drucker's
# Five
# Most Important
## Questions

## 问题之三

# 我们的顾客重视什么

- 我们认为自己的主要顾客和支持性顾客重视什么？

- 我们需要从顾客身上获取哪些知识？

- 我们如何去获取这些知识？

我们的顾客重视什么？如何满足他们的需求、愿望和预期？这些问题太过于复杂了，只有顾客自己才能回答。首先需要澄清的是，绝对不存在不理性的顾客，顾客几乎总会毫无例外地从其现实和自身状况出发，采取理性的行为。因此，领导者绝不应去妄自揣测顾客到底重视什么，而是应该以系统化的方式向顾客去求取答案。我实践了这一点。每年，我都会从10多年前毕业的学生中随机抽出五六十个人，亲自打电话向他们提出几个问题："回头想想，我们在学校期间为你提供了哪些帮助？哪些东西至今对你依旧很重要？我们应该在哪些方面做得更好？我们应该放弃哪些做法？"或许你很难相信，这些问答带给我的意义深远。

我们的顾客重视什么？这或许是最重要的问题，却也是我们最不经常问的问题。非营利机构的领导者倾向于自己回答这个问题。"当然是我们为社区提供的服务质量如何，以及这些服务给社区带来了哪些改善。"人们总是非常确信，自己做的事情都是正确的，他们如此致力于自己的事业，以至于会自以为是地认为，组织本身就是他们所追求的目标。但这只是官僚主义的思维。他们不是问："这是否是在为我们的顾客创造价值？"而是会自鸣得意地问："这符合我们的原则吗？"这样做，不仅会影响组织的绩效，也会摧毁组织的愿景及其成员的奉献精神。

# 真正理解你的假设

*彼得·德鲁克*

我的好友、西北大学的教授菲利普·科特勒曾指出,很多组织都非常清楚自己向外界传递的价值,但却往往不能从顾客的角度去理解这种价值。它们只是甚于自己的理解去做出假设。从这些假设出发,去探寻"你认为你的顾客重视什么"这个问题的答案。然后,你可以将这些观点与顾客的真实反馈相比较,发现两者之间的差异,在此基础上去评价你的成果。

# 主要顾客重视的是什么

*彼得·德鲁克*

通过获知"主要顾客重视什么",一家流浪者收容所采取了大刀阔斧的改造。收容所此前一直认为,收容所的宗旨就是为无家可归者提供有营养的食物和洁净的床位。随后,该收容所安排理事和管理人员与流浪者进行了一系列面对面的谈话。他们发现,食物和床位确实很重要,但这些还无助于甚至根本就不能满足流浪者的深层次需求:不再无家可归。这些顾客说:"我们需要一个安稳的巢穴,让我们可以重新开始生活,至少是一个我们暂且可以称之为'家'的地方。"在了解了主要顾客的真实需求之后,收容所断然抛弃了原来的假设和固有的原则。理事和管理人员问这些流浪者:"我们怎样才能将收容所变成一个安全的避风港呢?"首先,他们帮助这些流浪者打消了每天早上被重新赶到大街上露宿的顾虑。现在,他们不仅可以让流浪者在收容所居住较长时间,还与每个人交谈,发现重建生活对流浪者意味着什么,以及如何才能帮助流浪者实现这个目标。

此外,新的安排也需要顾客的更多参与。以前,顾客唯一需要做的,就是表现出他们的饥饿感。现在,为了最大限度地实现价值,他们必须做出努力。要想留在收容所,流浪者必须弄清楚自己的问题,并做出解决问题的计划。这样,顾客在双方的关系方面就发挥了更大的作用,而组织的成果也更显著。

# 支持性顾客重视的是什么

彼得·德鲁克

了解主要顾客重视的是什么至关重要。但现实是，除非你对支持性顾客重视什么有同样的了解，否则你就无法令组织整合起正常运营所需要的所有元素。社会组织往往拥有大量的支持性顾客，在某些情况下，甚至每个支持性顾客都有权投否决票。比如，一所学校的校长必须要满足老师、学校董事会、社区合作者、纳税人和学生家长的需求，当然，最重要的还是要满足其主要顾客，即青年学生的需求。可见，校长面对的是六类顾客群，而且每个群体都会对学校有不同的看法和要求。每个顾客都是不可或缺的，每个顾客都会以不同的方式定义其价值取向，而且每个顾客的需求都必须得到满足，至少要保证他们不会解雇校长、罢工或抗议。

# 倾听顾客的心声

*彼得·德鲁克*

要制订一份成功的顾客计划，你就必须了解每个支持性顾客最关心的东西，尤其是他们如何看待组织长期的成果。如何将所有顾客的价值完美地融入组织的计划制订过程中，是一个系统性的构建过程，也是一个关乎组织长远发展的结构性过程。不过，一旦了解了顾客的价值，就不至于特别困难，但它注定是一个艰难的过程。首先，你需要深入思考，了解自己必须获得什么知识。然后，你要善于倾听顾客的心声，接受他们的价值，并将其视为客观现实，但最重要的就是要保证顾客的声音必须始终体现在组织的讨论和决策过程中，而不是只反映在自我评估过程中。[1]

# 顾客到底重视什么

吉姆·库泽斯

一个真正的领导者所做的全部任务就是为顾客创造价值。

这正是帕特里西娅·玛丽兰德（Patricia Maryland）在成为密歇根州底特律西奈 – 格雷斯医院（Sinai-Grace Hospital）总裁时所持的观点。目前，她是 Ascension 医疗集团保健业务负责人兼医疗项目首席运营官。刚到西奈 – 格雷斯医院时，玛丽兰德发现，医院已经陷入困境而无法自拔。在经过了一系列的合并之后，该医院已成为社区唯一一家尚存的医院。大张旗鼓的"砍伐式"精简行动已经让员工感到怒不可遏，他们已经对医院失去了信任。但即便经过了这些精简，医院依旧不能摆脱亏损的境地。因此，西奈 – 格雷斯医院不仅需要寻找新的领导者，也需要探索新的经营模式，它需要向外界展现出一种新的面貌。

来到医院之后，玛丽兰德首先注意到的一件事就是，大多数员工已经习惯于根据以往的行为模式行事，如何打破这些根深蒂固的观念，就成为玛丽兰德和她的团队首先需要解决的问题。譬如，一个非常明显的挑战就是医院的顾客——患者在急诊室（ER）长时间等待的现象。"我刚来医院的时候，患者平均要等 8 个小时才能看上病并安排住院，"玛丽兰德说，"这显然是不可以接受的。"

另一个突出的问题是周边社区对医院的看法。玛丽兰德发现，即便是在紧邻西奈 – 格雷斯医院的街区内，也有很多人宁愿去其他医院看病。很显然，医院的卫生环境是这个问题的一个主要原因。这些问题存在已久，而且已经被人们习以为常，但毫无疑问的是，必须尽快解决这些问题，而解决问题则需要采取全新的方法。

为了解决患者无法接受在急救室等待时间过长的问题，新的团队首先从改变传统的科室结构下手。为此，医院为胸部疼痛的患者开辟了一个新的治疗区，这样，这些患者进入医院之后就可以立即被分流。与此同时，医院将需要急救的患者转移到了另一个被称为"快速护理病房"的区域。在这里，医院开设了用墙隔开的诊室，以改善患者的隐私和保密性。通过这些简单的调整，患者等待的时间缩短了 75% 以上。

改革的成功得到了外界的认同，一家基金会为医院提供了一笔 10 万美元的捐赠，用于改善医院的装修。新粉刷的墙壁、新的地毯和新的家具，不仅可以让患者感到舒心，也大大提高了医院员工的工作积极性。医生们也纷纷将自己家中的艺术品捐献给医院。医院的环境立刻焕然一新，展现出现代化医疗中心的面貌。对此，玛丽兰德深有感触，她说："我真的感受到，创造一个温馨友好的环境是非常重要的，它会让人们感受到家的温暖。只要患者踏进医院的大门，他们就能体会到一种信任和舒适。"

与此同时，医院也要求员工重新审视他们对待患者的方式："如果他们是你的父亲或母亲，你会怎么对待他们呢？你会怎样和他们交谈呢？如果对方摆出一副冰冷的面孔，丝毫没有友好的态度，对待你就像对待一台机器一样，而不是把你当作一个有血有肉的人，你会有什么感觉呢？"

西奈－格雷斯医院最初采取的这些措施很快就收到了立竿见影的效果。顾客对医院服务的评分迅速上升，按5分制标准，服务得分从只有1~2分提高到了4~5分。目前，员工士气高昂，整个西奈－格雷斯医院展现出新的生机与活力，而且医院的财务业绩也非常可观。但玛丽兰德认为最重要的是："我们赢得了社区居民的信任，医院让他们感到越来越舒心，让他们越来越愿意回到医院就诊。"

所有这些成绩，都来自于对倾听顾客的心声并为顾客创造价值的不懈追求。归根结底，玛丽兰德首先去了解患者在西奈－格雷斯医院所感受到的，然后对他们的需求做出响应，并鼓励其他员工也这样做。这些措施支持了各项创新活动，不仅恢复了组织的健康和安定，而且也提升了员工的工作积极性和自豪感。所有这一切之所以成为可能，无非是因为整个团队在内心深处拥有了一个坚定的信念：最大限度地为顾客创造超凡的价值。而这期间，玛丽兰德是站在前面引领，而不是从后面逼迫。

那么，顾客重视的到底是什么呢？显而易见，顾客重视的组织，是那种积极寻求他们的反馈并能解决其问题、满足其需求的组织。但是，我还想冒昧地猜测一下：顾客更看重有能力倾听顾客心声、有勇气挑战商业传统，并以服务于顾客为宗旨的领导者和团队。

# 创造顾客价值：你的品牌对顾客的帮助有多大

迈克·雷泽罗，卡斯·雷泽罗

欢迎走进顾客革命这场大潮，在这里，你将不再是主宰者。

社交网络、移动设备、互联网产品和云计算已经永久地改变了我们与当前顾客和潜在顾客之间的关系。

顾客革命（customer revolution）是一场权力由公司转移到顾客的巨大变迁。只要拥有一部手机，每个顾客的权力和影响力的大小都只取决于他们的社会网络的规模和影响力。

顾客革命是一场悄然无声的革命。借助手机短信、脸书、推特、Pinterest 及其他社交软件，数十亿人可以在无声无息之中影响他们的家庭、朋友和同事。

那些能够驾驭这场革命的公司必然能够乘风破浪，一往无前。而那些像鸵鸟一样将头扎进沙子里、试图置身于这场革命之外的公司，必然会死无葬身之地。这是一场非此即彼的二进制游戏。

那么，你的公司到底应该如何加入这场顾客革命呢？

答案很简单——只需以一种全新的方式进行连接。而最有效的方式，就是帮助你的顾客在这条变革的道路上与你共进。

是的，建立连接就是要给予帮助。这不是什么新概念。真正称得上新思维的，就是公司必须在顾客需要时，按照他们想要的方式为他们提供这种帮助。毫无疑问，再也没有什么能比做到这一点更令人兴奋的了。

昨天，顾客还需要走进店里去寻求帮助；昨天，顾客还只能在公司指定的时间里（早九晚五），而且自己付费才能获得帮助。

但是今天，顾客期望能在他们需要的时候、以他们需要的方式得到帮助。而能做到这一点的公司就已经达到了新的高度，而且很多公司正在对他们所在的行业开展革命。

以 Uber 为例，其手机软件正在摧毁今天的本地运输行业，未来必将摧毁更多。他们的经营数据令人瞠目结舌。

目前，全美国已经有43%的人口成为 Uber 公司的顾客，而且这些人全部都没有车辆！Uber 每个月都能创造出大约 2 万个新的就业岗位。在我们的家乡纽约市，Uber 创造的就业机会可以为就业者带来中值超过 9 万美元的年收入。根据 Business Wire 的消息，估计 Uber 每年能为美国经济贡献 28 亿美元的收入。

所有这一切都归功于移动电话和云计算。没有移动设备，就不会有 Uber。

Uber 对顾客的帮助很简单：我们需要从一地到达另一地。这个帮助是在我们需要时提供的——现在，我们就需要一辆车！而且是按我们需要的方式提供的：只要点一下确认键，汽车就会停在我们面前。夜间约会再也不会像从前那样了！

这个服务模式就是刚刚创立只有几年时间的 Uber 如今能斩获数十亿美元年收入的原因所在。最近，在目光敏锐的职业投资人眼中，该公司的估值已经到了 180 亿美元。

我们再来看看另一个传统行业——汽车制造业。以前，一旦出现问题，车辆就会发出警报声，这会让你惊声尖叫，不知道到底发生了什么。惊慌之中，你翻出使用手册，绞尽脑汁地寻找问题所在，但结果往往是一无所获。于是，你只好花上半个小时和汽车维修商预约维修时间。然后，你还要浪费一个小时的工作时间把车送到维修厂，随后还要再用一个小时把车取回来。

这样，你就算是得到了自己需要的帮助，但显然不是在你最需要得到帮助的时候，更不是按你要求的方式得到帮助。

今天，几乎每一辆美国的新车都连上了网。明天，如果发生了什么故障，你的仪表盘上就会显示出一条信息："嘿，麦克和喀什，你的过滤器已经工作了 8 000 英里（1 英里 ≈1. 609 千米），到了该更换的时候了。按下这个键，和经销商预约一下时间。"随后，经销商会找到你来取车，更换之后再把车送到你家。为什么会这样呢？因为顾客认为，任何随叫随到式的产品和服务都应该提供这种水平的服务。

我们所看到的是销售、服务和营销正在以越来越快的速度聚合到一起。与顾客的每一次互动都是一次营销。以前，营销强调的是最终结果，这个最终结果通常是让顾客掏腰包。而今天，营销则强调过程，在整个过程中的每个环节上——无论是购买之前、购买过程中还是购买之后，顾客都希望企业能随时随地地为他们提供帮助。

我们之所以购买产品，是因为它们以某种方式帮助了我们。今天，我们期望能按我们希望的方式获得帮助。

欢迎走进顾客革命，在这里，**顾客**已成为新的主宰者。

# 送给"千禧一代"的启发

纳迪拉·西拉

我们很容易自以为对顾客的价值比以往任何时候都更了解。21世纪是一个网络连接无处不在的世界，有了推特，我只需给德尔塔公司留一个言便可立即解决旅行问题，而我的旅行伙伴甚至还没有搞清楚到哪里排队去解决问题——机构、品牌或者领导者都要应对持续不断的反馈信息流。

但是，我们真的有效地利用网络了吗？

我真的记不清有多少次一个高管曾笑着对我说，他对推特"根本就是一无所知"；也有的高管会说，浏览公司网站留言页上的评论或 Instagram 平台上的反馈，让他们多么心烦意乱。但最糟糕的是，有些高管会洋洋得意地说，他们能直接与顾客需求实现对接，而他们凭借的就是社交媒体！

我们这个时代，实现顾客参与的工具不计其数。但这些工具本身只取决于我们怎样使用它们。忽略它们，你会失去大量的机会。然而，如果过于抬举它们——尽管这些工具确实能为我们提供一些洞见，过度依赖它们，只会让你肤浅地了解顾客的愿望、需求或者烦恼的概况。

因此，还是回到我最喜欢参与的一个行业并从中汲取营养吧：这个行业就是创新。这个领域存在一个共识，那就是顾客实际上并不知道自己想要的是什么。但这绝非创新者对顾客的贬低；相反，这只是一个有奉献精神的专业人士对自己的不断警示：要提供最优秀的产品或服务，不要止步于最初、最简单、最容易获得的答案。因此，他们始终在探索，始终在设计，始终在完善；他们会从每个能想象到的角度去展开探索，去帮助顾客挖掘出理想体验的最深层的真相。他们会用尽一切办法，既要充分发挥现代技术的点点滴滴，更要坚持彼得·德鲁克在几十年前所做的，以极大的热情，认真地去了解现实中的每一位顾客。为了刨根问底，他们简直就是在"审问"顾客！

这就是我们作为领导者所面对的挑战。如果能征服这些挑战，我们就拥有了无限的能力和空间去报答那些给我们带来财富的人。

**Peter Drucker's Five**

## Most Important

### Questions

## 问题之四

# 我们的成果是什么

- 我们如何定义成果?

- 我们成功了吗?

- 哪些是我们必须加强的,哪些则是必须放弃的?

社会组织的成果都在组织的外部，包括对人们的生活和对环境的改善程度——比如，对人的行为、环境、健康和希望等层面的改善，当然，最重要的还是体现在技能和能力的改善上。要更好地实现其使命，每个非营利组织都必须确定，到底应该评估和判断哪些要素，并在此基础上将资源集中到这些要素上以获得期望的成果。

# 关注短期成果，追求长期改善

*彼得·德鲁克*

一对长期致力于精神治疗专业的夫妇共同创建了一家小型心理健康中心。他们将这个健康中心称作"疗愈社区"。目前，他们经营这个中心已经有 15 年的光阴了，也取得了在很多人看来是不可能的成就。他们的主要顾客是被诊断为患有精神分裂症的患者，而且来这里就诊的大多数人都经历了无数次的治疗失败，这些人对病情已经近乎绝望。

但健康中心的人总是会对他们说："总有地方能让你们走出绝境的。"他们衡量工作业绩的第一个标准，就是主要顾客和他们的家庭是否愿意再次尝试治疗。工作人员有很多方法判断患者的病情好转程度。比如，参与治疗者是否按时参加集体咨询，是否认真接受每天的常规性检查？发病次数是否有所减少？因精神病住院的时间是否有所缩短？这些人能否对自己的病情有新的认识，并敢于承认"我刚刚又发作了"，而不是躲在壁橱里诅咒上天的不公？随着病情的好转，他们能否为自己的下一步治疗制定切实可行的目标？

健康中心的使命是"让那些患有长期严重心理疾病的人恢复健康"，并在接受两年或更长时间的治疗后，有很多人可以重返社会，而不再是"无法治愈"的人。事实上，一部分人回到了家庭，过上了正常人的生活；另一些人找到了稳定的工作；有几个人甚至取得了硕士学位。因此，"疗愈社区"的参与者是否确实恢复了健康，或者说，主要顾客的生活是否发生了根本性改变，是这个组织追求的唯一目标。

在商业中，你或许可以争论利润是否真的是充分的衡量标准，但如果没有利润，企业就不可能长期存在。但是，在社会领域，我们却找不到这种衡量成功与否的统一标准。每个组织都必须确定自己的顾客，了解他们重视什么，制定有意义的衡量标准，并老老实实地按这一标准进行客观的判断：事实上，人们的生活是否因此得到了改善？尽管这对很多非营利组织来说还是一个新的标准，但它是可以通过学习而掌握的。

# 定量标准与定性标准

*彼得·德鲁克*

组织取得的进步和成果都可以用**定量**和**定性**两种方式进行衡量。但这两种衡量方式是相互交织、相互影响的。要真正衡量以什么方式改变了生活和改变到了什么程度，这两者都是不可或缺的。

定性标准体现了特定情境范畴内变化的深度和广度。它起始于具体的观察，在此基础上建立模型，然后，讲一个微妙的、个性化的故事。定量评估则提供了有效而"丰富"的数据。一家大型博物馆的教育总监曾讲述过这样一个故事：有位男士找到她，向她说明博物馆曾如何在他十几岁时开启了他的思维，让他学会以新的方式认识生活，而这种方式几乎拯救了他的生命。之后，这位教育总监就以这个故事为例，推动一项以帮助问题少年为宗旨的新项目。在一家成功的研究机构中，人们却无法对研究项目的价值做出定量的事先评价。但是，全体员工每隔三年就会聚到一起，回答如下两个问题：在改善人们生活方面，我们到底取得了哪些成就？为了明天的成就，我们今天需要聚焦在哪里？定性的成果可能是无形的。虽然定性数据有些时候可能是主观的，且难以把握，但绝对是与定量数据同样真实的、同样重要的，而且可以像对待定量数据那样系统化地收集。

定量指标采用的是明确的标准。它的起点是对数据进行分类、对未来进行预期，在此基础上，讲述一个客观的故事。定量评价提供的是客观的"硬"数据。定量标准的典型示例包括：为问题青年提供大量的艺术培训能否提高其整体的学习成绩；在完成培训的福利救助接受者中，能就业并自食其力者的比例是否有所上升；医疗卫生专业人员是否会根据最新研究成果改变其医疗方法；吸烟青少年的人数是增加了还是减少了；在提供 24 小时全天候危机护理的情况下，虐待儿童事件的发生率是否有所下降。定量标准对于评价资源是否被合理地用于获得期望的成果，是否取得了进展，以及人们乃至整个社区的状况是否得到了改善至关重要。

# 判断哪些需要强化、哪些需要放弃

*彼得·德鲁克*

对非营利机构的领导者来说，最重要的一个问题是，我们所取得的成果是否足以证明我们将资源投入到这个领域是值得的。需求本身并不足以让我们继续为之投入，传统当然更不是投入的理由。我们必须让组织的使命、资源投入的方向和追求的成果实现匹配。就像《新约》有一句关于人才的谚语：你的工作就是将资源投入到可以倍增的地方，如此才能够成功。

放弃一件事情总会遭遇强烈的反对。在任何组织中，总会有一些人把过时的东西与自己关联——那些本应有所造诣但实际上却不尽如人意的东西，那些曾经带来过美好但今日却不再美好的东西。他们最喜欢在我此前出版的一本书（《为成果而管理》，1964）中，我称之为"管理的自我意识的投资"的东西。不过，我们首先需要做的一件事还是放弃。如果不能放弃，我们就无法去做任何事情。至于到底哪些需要放弃，每个人都有自己的想法，都会引发一番尖锐而情绪化的争论。因此，放弃任何东西都是如此困难，但毕竟只是在一个短时间内。旧事物一旦逝去就马上会被时间所埋葬，而新事物便会破土而出。六个月之后，所有人都会感到奇怪："为什么它会占用我们那么多的时间呢？"

# 领导者必须敢于担当

*彼得·德鲁克*

有的时候，我们必须面对这样的事实：总体而言，组织的绩效不好——问题百出，而且几乎没有任何好转的迹象。这或许是你到了合并或解散清盘，然后另寻出路的时候了。而在某些执行领域，到底需要放弃还是强化，依旧不清楚。因此，我们必须将系统化的分析纳入我们的计划当中。

在到达自我评估的这个阶段时，我们必须确定组织究竟需要怎样的成果，为了未来的成功需要聚焦在哪些领域。组织的使命确定了你的责任范畴。而领导者必须承担起责任，确定究竟需要对哪些环节做出评价和判断，以避免组织滥用有限的资源，确保实现有意义的成果。[1]

# 我们的成果应该是什么

### 朱迪斯·罗丁

彼得·德鲁克曾指出，在他与非营利性组织进行合作的半个世纪时间里，"最令人振奋"的进展，就是他们已经开始谈论"**成果**"，而不是"**需要**"了。这是一个非常重要的进步，而德鲁克则与以往一样，对于他在促成这种变化过程中所发挥的作用，照旧轻描淡写一带而过。

德鲁克对第四个问题的阐述清晰明了，非常中肯。关于评价非营利组织的成果，他列举出了几个最为重要的次级问题：我们成功的前提是什么？我们的合作伙伴和受益者对我们的工作感受如何？我们的定量目标和定性目标分别是什么？我们如何定义自己的成果？我们是否有勇气承认失败，并使其他人从我们的失败中汲取教训？

不过，我想要提出，德鲁克在这个方面的洞见已经得到了充分的理解，他会希望今天的我们能走得更远。今天，我们在讨论自我评估这个问题时，核心话题已不再是评估是否值得，因为这已经是再明确不过的事情了；不再是定量的衡量标准本身是否足矣，仅有定量标准显然是不够的；也不再是将这种评估局限于是否容许失败——当然，我们必须承认，不管本意有多么的美好，人类的努力注定是不完善的。因此，拒绝接受失败、拒绝与他人分享失败带来的教训，只会带来更多的失败。

因此，下一个问题（我们可以姑且将这个问题编号为 4A，或者说，第四个问题中的第一个）就是，我们如何使我们期望的成果在德鲁克的第五个问题"我们的计划是什么"中起到重要作用。

**"五个最重要的问题"**依赖于一个不言自明的前提：我们的计划是固定的，而成果则是这个计划的必然产物。但非营利组织的工作更多的是迭代式的，而不是线性的。因此，我们在制订计划的时候，不仅要考虑到如何兑现组织的使命，还要能够产生**可考量的**成果。只有这样，我们才能知道计划是否在向前推进。正如德鲁克所观察到的，需求本身远远不够，意愿也不充分。同样，我们也不应该把制订计划看作一劳永逸的事情，更不能说某个计划是完美的、令人满意的。除非它构建为能够产生某些可考量的成果，并且事先建立某种机制，允许基于这些成果在执行过程中不断地进行修正。但是，这项工作也不像医学实验或随机性的可控实验那样，只有走到终点时才能看到确切的成果。相反，其目的是创造真实的影响。因此，对成果的衡量是一种学习的工具，也是一种自我纠正的工具，其最终目标就是创造出预期的具体成果。

按照这样的说法，我们必须左右逢源。或许，我们也可以把非营利组织的计划制订过程看作一次腹背受敌的经历。一方面，我们必须保证计划是以一种能够带来可衡量成果的方式制订的。如果要确保这一点，我们甚至要甘愿修改某些具体干预措施，比如，避免因超出我们的能力而使定义的结果不清晰或不可考量。另一方面，我们还要规避触及另一个极端——只承担那些最容易量化的工作，或者只选择那些能带来产出但对那些最重要的成果却无法产生改变的任务。因此，我们还可以用另一个隐喻来描述这个过程：我们的旅程是艺术性的，不只是科学的努力。

通过观察讨论第四个问题，德鲁克首先强调了一个最根本的原则：作为组织，"成果是我们生存的关键"。如果成果是我们的目标，那么，这个成果也必须是检验我们的标准。对非营利组织的工作来说，最能够持续的成果并不是我们有多么勤奋，或者我们有多么聪明，也不是我们有多么关心别人。当然，不管是在哪个领域，勤奋和努力都是实现成果所不可缺少的前提。但是，和所有需要以智慧去解决问题的领域一样，在这个领域内，知识是最珍贵的；而关爱能吸引最优秀的人才加入我们的行列。我们的成果必须有足够的吸引力，必须与年轻一代的资助人、志愿者和捐赠人休戚相关。原因很简单，在组织所在的社区中，如果不能让更多的新成员加入这个组织，如果不能唤起这些新成员的激情与活力，那么，非营利组织就会面对僵化和丧失生存能力的危险。但归根结底，为人们所记住的，还是人们的生活如何因为我们的努力而得到改善。德鲁克深知这一点。也正因如此，他的问题"我们的成果是什么"至今依旧会引起我们的共鸣。

# 我们的成果是什么

伯纳德·班克斯

一切组织存在的目的都是为了产生成果。而这种成果是以多种形式产生的（譬如，销售的产品、提供的服务、取得的净收入、筹集到的资金或是培养的学生）。不管何种类型，更深刻地了解成果的真实含义，都是领导活动中一个非常重要的环节。在有关组织的五个标志性问题中，彼得·德鲁克再次强调了成果的重要性。不过，在思考德鲁克提出的问题"我们的成果是什么"之后，我得出了一个结论：在评价我们所考量的对象时，还有一个标准是必须考虑的。因此，我认为，领导者必须从组织和个人价值的角度对成果做出检验。

## 德鲁克关于检验成果的基本原则

显而易见，组织必须清楚地认识到它们是否取得了正确的成果。如果不能对企业活动的产出做出合理评价，就会产生错误的认识，甚至有可能会导致组织的灭亡。对此，德鲁克强调以若干启发性问题对成果进行更全面的检验（比如，我们该如何定义成功？我们是否很成功？我们该如何定义成果？我们必须加强哪些，放弃哪些？）。德鲁克对这个问题展开了多方面思考，从而以不同类型的数据（即定性数据和定量数据）对短期成果和长期成果进行检验。扩展思考的宽度和深度，往往有助于我们更好地对现象做出理解。但我们还是会不由自主地去想，在对成果进行检验时，德鲁克这种简洁明了的分析框架在评估成果时能否为我们提供需要考虑的所有提示呢？领导者必须对组织工作做出准确而清晰的理解，之所以说这非常重要，就在于组织活动的重要成果之一就是影响力。

追求成果最根本的效果，就是它所带来的影响力。以前行为的成功或者失败，通常会影响到组织未来的行为。任何组织及其领导者都必然了解：必须要把事情做对。德鲁克曾说过："成果是我们生存的关键。"但是，组织是否有可能以错误的方式得到看似积极的成果呢？我认为答案是肯定的。

### 价值过滤的重要性

价值观为组织和个人提供了"真北"。[2] 没有哪个组织不花费大量时间去建立一套正式的价值观。但是，有太多组织并没有透过它们所追求的信仰和原则去检验自己的行为。而这样必然会导致组织未来的事业面临不必要的风险。美国陆军强调其价值观"包含了军队领导者取得成功最基本的原则、标准和素质。它们是帮助士兵与军队文职人员在一切条件下做出正确决策的基础"。[3] 那么，为什么一个人必须根据成果来检验价值呢？这不由得让我想到了一段轶事。

几年前，我曾上过一门研究生课程，有一位教授刚刚从一家"财富500强"公司成功地完成了首席执行官的任期。有一天，在课上，我们讨论的话题是领导者在影响经营实践方面所承担的责任。

有几个学生坚持认为，必须强调股东价值最大化。突然，这位教授
讲了一个故事，关于他的公司决定放弃的一次收购。他说，公司当
时确实发现，这是一次有可能给公司带来显著利润的潜在机会。但
是，如果要兑现收购目标公司所带来的经济价值，就必须大量裁员，
而且还要卖掉公司很大一块业务。收购之后，很多社区将会立即陷
入低迷。于是，CEO 不得不对摆在面前的这个机会左思右想，最终，
他还是决定放弃这次收购。随后，他通知公司董事会及高管团队，
开展这次收购的价值仅存在于纸面上，但它显然经不起公司价值观
的检验。因此，这次交易就没有发生。如果这位 CEO 仅从潜在的财
务收益角度考虑这次收购，那么，就有可能导致截然不同的结果。

## 信仰是最能认识自我的镜子

领导者与组织的一个重要使命就是影响周围的人。对于上述的
每一个群体，他们的生命力都依赖于能否在正确的时间创造出正确
的成果。成果才是最重要的！不过，如何创造成果同样重要。德鲁
克的五个问题始终是我们厘清思路和激发行动的宝贵源泉。因此，
我真诚地希望每个人都能透过自己的信仰这面镜子去检验组织的行
为与成果。这样做必然会随时间的推移给我们带来理想的成果，让
我们为创造出正确的成果而感到自豪。

# 送给"千禧一代"的启发

亚当·布劳恩

几年前，我们建立了几所学校。当时，我曾在自己的工作日志里写道，作为一家非营利组织，如果"许诺铅笔"（Pencils of Promise）<sup>⊖</sup>能在我 30 岁时建成 30 所学校，即便是死了，我也会快乐地死去。今天，我们已经建成了 150 多所慈善学校。但有一点最重要，我不可能，快乐地死去"，因为我觉得还有更多的事情等着我去做。一旦你完成了一项任务，马上就会想到下一项任务。我曾登上无数讲台去演说，但每次登上讲台都给我信心去登上下一个讲台；我曾到过很多国家去游历，但每来到一个国家，都会激发我去游历另一个国家；不管我熬夜到多晚，都会有一种冲动牵引着我去欣赏日出。

因此，当我又跨入一个年龄段时，我渐渐地意识到 20 岁的年华带给我的历练：世界上根本就不存在"**最好**"这个东西，而完美生活的终点线也是根本不存在的。它总是在变化中，让我们永远都无法抓住，不管我们对未来的期望有多远，它都会赶到我们的期望之前，让我们觉得它就在面前，但却可望而不可及。

---

⊖ 由亚当·布劳恩创办的一家非营利组织，在全球范围内发起名为
"Pencils of Promise"的项目，旨在为缺少教育的孩子创办学校和建立一
些教育设施。——编者注

你有时会觉得一塌糊涂，有时又会觉得欢欣鼓舞；有的时候，你觉得自己既是成功者又是失败者。这样的经历反反复复，一再出现。但是，成功者一定是那些拍拍尘土继续前进的人，因为激励他们前进的不是实现某个目标，而是一种不断追求的精神，每实现一个目标都会激励他们去制定新的目标，即使像从前的目标那样也显得遥不可及。

静下心来，去把它想透——最成功的人并不是由目标驱动的人，而是那些不断攀登的人，每达到一个新的高度，他们都会满怀信心、大胆地将终点线推向更高的位置。

因此，我们需要雄心勃勃地树立看似遥不可及的目标，然后以饱满的激情去追求这个目标。之后，再把终点线向前推到更远的位置。

问题之五

# 我们的计划是什么

- 我们的使命是否需要调整？
- 我们追求的目标是什么？

　　自我评估过程的结果，就是一个对组织目标和未来发展方向做出简要概括的计划。计划涵盖了使命、总体目标、阶段性目标、行动步骤、预算和评价标准（如图 5 - 1 所示）。进入这个阶段，我们的任务就是确认或改变组织的使命，并制定组织的长远目标。切记，每一个使命声明都必须体现如下三个要素：机遇、核心能力和承诺。它回答的问题是：**"我们的目的是什么？我们为什么要做这些事情？归根结底，我们想让人们记住我们什么？"** 虽然使命超越了当下，但它却是指引当下行为的导航灯，是我们认识当下的启明星。它提供了最基本的框架，指导我们制定目标，调动组织的资源来做正确的事。

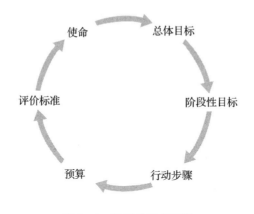

**图 5 - 1　计划的构成要素**

　　使命和目标的形成与正式采纳，对非营利组织实现有效的治理至关重要，它主要是理事会的责任。因此，计划的这些战略性要素必须为理事会所批准。

　　组织要推进它的使命，必须有今天的行动和明天的具体目标。

然而，计划过程绝不是对未来的谋划。任何试图谋划未来的尝试都是愚蠢的，未来永远是不可预测的。在不确定性面前，计划只能明确你想要达成的某个目标，以及你想以怎样的方式到达那里。计划并不是以事实取代判断，也不是以严格的学科替代灵活的领导。它必须承认分析、勇气、经验甚至是直觉的重要性。它是一种责任，而不是一种技术。

# 总体目标不仅要少、是最重要的，还需要得到董事会的批准

*彼得·德鲁克*

最艰难的挑战莫过于就组织的总体目标——基本的长远发展方向达成一致。总体目标应该是最重要的，在数量上应该少之又少。如果你的总体目标超过了五个，就意味着没有总体目标，因为这只能让你分散有限的精力。总体目标必须绝对清晰无误，只有这样，你才能聚集有限的资源去获取成果——也证明组织对成功的庄重承诺。总体目标源于使命，并瞄准组织必须到达的方向，指引组织不断地强化自身、把握机遇，归根结底，就是勾勒出组织所期待的未来。

计划的另一种形式是愿景声明（vision statement），它描绘了组织实现总体目标、完成使命时的未来画面。德鲁克基金会的愿景，就是**"创造一个承认社会组织是创造健康社区、改善生活质量的主导力量的社会"**。我曾与很多社会团体合作过，这些貌似理想化且富有诗意的愿景总会让他们激动不已、跃跃欲试。但也有人会说："还是不要浪费时间了。"对于一个愿景声明，不管是短短的一句话，还是满满的一页纸，只要能为计划带来活力，就要尽可能把它纳入你的计划。

下面是一家艺术品博物馆拟定的愿景、使命和总体目标。

**愿景**：创建一座珍视世界各种各样艺术遗产的城市，使人们以艺术充实自己的思想和精神。

**使命**：在人与艺术之间搭建桥梁。

**总体目标之一**：保存藏品，鼓励合作关系，以寻找和收集与众不同的艺术品。

**总体目标之二**：通过大众性和学术性展览、社区教育和出版物等方式，帮助民众发现、欣赏和理解艺术。

**总体目标之三**：迅速扩大博物馆的观众群，并加强博物馆对传统成员和新成员的影响力。

**总体目标之四**：采用最先进的博物馆设施、技术和运营模式。

**总体目标之五**：增强博物馆的长期财务稳健性。

强化组织的使命和总体目标，是整合各种短期利益的唯一手段。这样，管理层就可以不断地自问："这个短期目标能引导我们实现长期的总体目标吗？还是在让我们偏离正常轨道，分散我们的精力，让我们失去自己的总体目标呢？"公元 4 世纪古罗马基督教思想家圣奥古斯丁（St. Augustine）曾说："我们可以祈祷奇迹的发生，但我们还是为了成果而努力。"你的计划引领你为成果而奋斗，它将美好的愿望转化为行动。

# 阶段性目标必须实在、可衡量，
# 必须是管理者的责任

*彼得·德鲁克*

　　阶段性目标（objective）是为了把组织向其总体目标（goal）推进而制定的具体且可衡量的成果。首席执行官担负着制定阶段性目标和制订行动计划的责任，并要拟定实现目标所需要的详细预算。理事会不得干预策略性层面的计划制订过程，否则，就会干扰管理层在实现目标过程中保持行动灵活性的极为重要的能力。在制订和实施计划时，理事会负责确定组织的使命和总体目标，调集实现目标所需要的资源，并对目标实现过程中的进步和成果做出评估。管理者的职责在于制定阶段性目标、行动步骤、实现总目标所需要的支持性预算，并带领组织实现高绩效。

# 有效计划的五个基本要素

彼得·德鲁克

**放弃**：第一个决定就是是否需要放弃目前无效或者从未起过作用的东西，它们已失去了它们的效用，而且已经丧失了继续为实现目标做出贡献的能力。对任何项目、制度或顾客群，你都要问一问："如果今天我们还没有进入此处，我们还会再进去吗？"如果答案是否定的，那么，就要反问自己："我们怎样才能尽快出来呢？"

**专注**：专注建立在成功的基础上，去加强那些行之有效的东西。最好的规则就是把你的精力倾注在你的成功之处。这会使成果最大化。每一次当你取得良好的业绩时，你都要问自己："我们能否制定一个更高的标准？"尽管专注至关重要，但它也有很大的风险。你必须选择正确的聚焦点，不然的话，借用一句军事谚语：你就会把你的侧翼完全暴露在敌人的炮火之下。

**创新**：此外，你还要去寻找明天的成功、真正的创新，多样化才能激发你的创造力。哪些是机会，哪些是新出现的情况，哪些是刚刚出现的问题？它们是否适合你？你是否真的相信这些？不过，你还是要当心。在涉足新事物之前，千万不要说："我们就是这样做的。"而要问："这个需求到底是什么？顾客重视的是什么？目前的状况是怎样的呢？我们能做出什么差异呢？"找到这些问题的答案才是最重要的。

**承担风险**：制订计划时往往要涉及承担哪些风险的决定。有些风险是你有能力承担的，也就是说，即使失败了，也很容易恢复，只会承担很有限的损失；但有些决策则需要你承担巨大的风险，而你又不能不承担。因此，你必须在短期损失和长期风险之间做出权衡。如果你过于保守，就有可能坐失良机；但如果你承诺得太多太快，可能又会陷入"人无远虑必有近忧"的困境。对于承担风险的决定并无固定模式可供参考。尽管未来充满风险与不确定性，但这是你必须做出的选择。

**分析**：最后，在制订计划时，重要的是你要意识到，什么时候你不知道，什么时候你还不能确定是否需要放弃、关注、尝试或承担某个具体风险。这时，你的目标就是要进行分析。在做出最终决定之前，你一定要认真研究一个绩效差但却非常关键的领域、一个刚刚显露出来的挑战，或者正在浮出水面的机遇。

# 理解计划，确立责任人

### 彼得·德鲁克

计划始于使命，终于**行动步骤**和**预算**。行动步骤建立了对于实现目标的责任，即由谁执行、如何执行和何时执行；而预算则为实施计划配置必要的资源。要构建对计划的理解和确定责任人，行动步骤就应由计划的执行者来制订。每个参与计划实施的人都应获得发表意见的机会。这看起来慢得令人难以接受，但是，计划一旦生成，第二天就会得到所有人的理解。组织中更多想要参与新项目的人就会对计划做出承诺，并且准备采取行动。

评价团队需要制订一份计划的终极版本，供理事会集体审阅。当计划在理事会上被讲解并经过讨论之后，理事会主席就会提请对相关的使命、目标和支持性预算进行表决。如果计划的内容包括愿景说明，那么，理事长也可以提请理事会同时采纳这个愿景声明。一旦得到批准，计划就可以实施了。

# 永远不要完全满足

*彼得·德鲁克*

这是自我评估中的最后一个问题。此时，你作为参考者参与的活动很快就接近尾声了。评估是一个自始至终不间断的过程。组织必须对达成阶段性目标和实现目标的进度进行随时随地的监督，最重要的是，组织必须在不断变化的环境下对成果进行考量。当形势发生变化、业绩下滑、成功突兀而至，或者顾客把你引入与你的想象不同之处时，你必须调整自己的计划。

真正的自我评估是永远都没有终点的。领导者必须不断重新磨合、重新调整焦点，永远都不要真正地感到完全满足。我尤其鼓励各位不断地反问自己："**我们到底希望人们记住自己的什么？**"这个问题将促使我们和我们的组织不断地反省自己、完善自己，因为它会推动我们清醒地看到，我们到底能成为怎样的人。[1]

# 我们的计划是什么

V. 卡斯特利·兰根

制订计划就是将组织的战略和使命转化为一系列可执行的项目，它描绘了组织目标的实现途径。彼得·德鲁克认为，组织的使命是构成计划的核心要素，其他还有愿景、总体目标、阶段性目标、行动步骤、预算和评估。他还进一步指出，一个合理制定的使命声明，将对如下三个问题做出解答：**我们的目标是什么？我们为什么要做正在做的事情？我们最终希望自己因何而被他人牢记？**

尽管德鲁克是从组织的角度提出这三个问题的，但我认为，这些问题同样适用于个人创业者，尤其是那些怀抱改变世界并使之成为我们更美好家园的强烈愿望的年轻人。

作为一名市场营销学教授，学生们经常把他们对新产品的想法带给我——他们都坚信自己心目中的新产品必将改善成千上万人甚至百万人的生活，尤其是那些穷人和被边缘化的人。他们都相信，他们的想法有太多的优点，他们可以以自己的力量获得走向成功的动力。

虽然他们的很多想法的确非常精妙，但把想法呈现给我的每个年轻创业者都有同一个根本性问题：对于如何将一个好的想法变成现实，他们还没有任何明确具体的计划。

举个例子，我最近曾遇到一位充满激情的创业者，她向我介绍了一种用当地常见的植物材料制作卫生巾的想法，相当于没有材料成本。她滔滔不绝地对我讲："由于这种材质随处可见，就大大降低了生产成本。有了低成本的卫生巾，女孩子们就可以免受难言之隐的折磨，减少因此而耽误的学习和工作时间。"为了让人相信，她不仅已经对生产成本做出了精确的估算，甚至已经设定了目标价格。但是，当追问"谁是你的顾客——是女孩子、她的母亲还是父亲"，以及"谁来付费"这些问题时，这个年轻人却后退一步，陷入了沉思。

根据我的经验，年轻人永远不缺少新的想法，实际上，他们的脑子里随时都会涌出新的想法。但没有明确的计划，想法就永远是想法。要找出被最终使用者接纳前需要克服的障碍，构建供应链，筹集资金，推出一种新产品或新服务，建立分销渠道，并向战略目标推进，显然需要的不止是新想法。在与学生们谈论如何构建一个计划来将他们的想法转化为现实时，我通常让他们深入地思考如下这四个具体问题：

**1. 你所要解决的问题是什么？你想要为谁解决这个问题？** 在有些发展中国家，缺少价格低廉的卫生巾的确是一个严重问题，但比起看到这个问题，要解决它还有更多要做的。显然，作为目标群体的青少年女性根本没有能力承受这项购买成本，既然如此，有谁能为她们购买卫生巾呢？社会和文化对这种家庭新产品会持何种态度呢？目前通行的做法是怎样的呢？要使想法有价值，就必须要符合当地现实。你能解决这个问题吗？它对最终使用者有用吗？买家有动力购买吗？

**2. 如何建立完整的价值链？** 任何产品都不会凭空而来；它们必须经过设计、生产原型、检验、制造、营销、出售、分销和售后服务等一系列环节。但是，即便是最简单的产品，这样的价值链也很复杂。例如，上述这位年轻的创业者就通过努力，利用一种吸附力极强的植物废料设计出了一条精妙的供应链。但是，假如有人建立一个专门从事这种生产的商业实体，这种原材料是否还能免费获取呢？在当地制造的产品，还能保持与实验室原型相同的规格和一致性吗？产品是通过挨家挨户地推销还是以零售店的形式出售？显而易见，对于这两种完全不同的上市方案，其对应的支持性物流方案及其成本也是不同的。定价不只是考虑买得起和价值，还要考虑实际的供应链成本。不然的话，财务报表的预测（如今的财务软件已经让收益预测变得易如反掌）就很可能过于乐观，但却脱离实际。

**3. 你为产品上市制订了怎样的计划？** 一旦想法经过合理推敲，价值链也基本确认，就需要制订一份商业计划，包括目标和参照标准，以及紧急备案。需要注意的是，我并不是说，一个创业者在决定投入事业之前，就必须获得所有与最终用户和供应链相关的问题的答案。知道其他可能的替代假设或替代路径总是好的，这样，他们才能在一条路径不如期望或行不通时，及时做出调整，选择新的路径。一份有效的计划必须包含下述若干核心要素：

- **集中于少数最重要的运营目标。**创业者都不喜欢编写正式的运营计划。他们认为这是一种负担，是在浪费时间。不过，这正是所有投资者都需要的。大型机构往往喜欢对市场营销、销售、生产制造和采购等方方面面做出详细的计划。但创业者，尤其是那些个体创业者，最好还是以简单的计划为主，将少数几个关键目标落实到运营层面。这些运营目标必须简洁明了，以至于可以写在一张小记事卡片上。当这几个运营目标相互楔入时，即可据此生成一套财务报表。对于增长预测和投资需求而言，利润表的价值不及现金流量表。不管创业者是否喜欢，但如果没有这样的财务分析，任何投资者都不可能做出重大投资来培育和发展自己的新企业。

- **前进的方向保持稳定，但绝不固定不变。**谈及这个自我评估工具，德鲁克在上一版中曾指出："制订计划并不是要掌控未来。任何试图掌控未来的企图都是愚蠢的，因为未来是不可预测的。"正因如此，我们才需要以开放的态度对待若干实现目标的备选方案；但是，在我们决定必须改变前进路径之前，又要坚持既定方向不动摇，这一点至关重要。对于一个有效的计划，灵活性与学习的态度必须是其最关键的两个基本特征。热情和思考是驱动创业者前进的动力。而管理不确定性的能力则是他们基因中不可或缺的成分。这样，当推断顾客或成本出了问题时，他们就必须对计划进行调整，而不是放弃。这就是为什么提早考虑替代路径或基本假设如此重要，这样，我们就可以基于现场新数据及时调整原定计划，并以修正的方法回到现场。

• **随时追踪**。有效的追踪是改善战略所必不可少的。追踪实施过程的主要目的，就在于了解计划及其构成要素的逻辑，以及它们是否按照预期的方式发生。因此，如果进行上门推销的目的是让母亲接受卫生巾的价值，然后再由母亲引导女儿接受卫生巾，并说服丈夫去购买卫生巾，那么，最关键的一个环节就是追踪这种上门推销的数量和质量，然后才能呈现出销售的结果，并让潜在顾客认识到产品的效用。因此，我们必须将计划的每个重要组成部分都分解为可考量的元素，并进行跟踪和监测。创业者通常不会这样做，他们只看总体效果，然后便依靠直觉去决定哪些方法行得通、哪些方法行不通，因此，他们就失去了用客观数据和逻辑来影响思想和热情的大好机会。

**4. 你的退出策略是什么？** 在这里，所谓的"退出策略"并不仅限于首次公开发行（IPO）或其他变现方式。它们只是一种可能性。但是，在涉及非营利企业时，退出意味着保证解决方案的延续性，以确保想法本身具有长期的可持续性。回到前面卫生巾的例子，尽管企业可以选择在小规模市场直接销售卫生巾，但是，如果企业能与发展中国家的非营利组织或医疗健康服务机构合作，让它们负责为个人提供卫生巾使用的教育和发放卫生巾，经营成功的可能性将会大大提高。这有助于保证这个想法本身及其社会价值的长期可持续性。普及是最困难的环节，尤其对非营利企业而言，因为适合一种生态环境的产品未必适合于另一种环境。非营利机构要对成功运营模式的方方面面进行认真研究，只有这样，在确保其关键要素能够被复制的前提下，才能开展大规模的普及。否则，寻找最适合的合作伙伴就应成为计划不可分割的一部分。

# 以可持续性为目的的计划：米卡萨女性资源中心

乔安娜·鲍达斯

按照彼得·德鲁克的观点，一项有效的计划必须包含五个基本要素：放弃、专注、创新、承担风险和分析。事实或许如此，但是，你怎么知道自己为计划所投入的全部努力都是有效的呢？

按照我的体会，对领导者来说，了解计划过程是否有效的最好办法，就是看组织能否经得起时间检验。1976年，我加入了米卡萨女性资源中心（Mi Casa Resource Center for Women）的筹备会。之后，我在该组织工作了10年，曾担任过董事长、青年项目主管和执行董事等职位，一直到1986年。在创建了近40年之后，米卡萨女性资源中心已成为科罗拉多州最大的以拉丁裔为对象的服务组织，今天，它也是全美国拉丁裔人追求经济赋权和自立自足的典范。

对这样一个在美国经济和社会动荡的时代实现生存与繁荣的非营利机构，其经历又能为我们制订计划提供哪些启发呢？那些希望创建社会事业或承办企业的"千禧一代"，又如何从它们的经历中汲取营养，从而制订创业计划并实现组织的可持续发展呢？

## 计划的制订应始于领导者

米卡萨女性资源中心的筹建委员会由参与开端计划（Head Start）<sup>○</sup>的母亲及拉丁裔职业女性构成。因此，最关键的一点就是将该中心的服务对象和拥有组织筹备背景的女性联合起来。这样，组织的顾客也是组织的筹备者。很多职业女性的成长环境和我一样，她们了解拉丁裔人需要什么才能成功。这就使得这个组织本身就是以顾客为中心而建立起来的，这不仅是制订一个长期计划成功的关键要素，在我看来，也是一个计划的基本前提。

## 计划应以顾客为中心，并以结果为导向

如果让顾客成为组织的领导者，那么，了解顾客就变成再简单不过的事情了。但德鲁克还是警告我们："当你依据你认为能够满足顾客的方式行动时，危险就来了……去见顾客。"于是，我们逐户对低收入拉丁裔女性的愿望进行了调查。最终的结果并不出乎意料：好工作、完成高中学业、英语流利、在工作之余有学习的地方，以及帮助拉丁裔年轻人完成学业等。此后，这些要求也始终成为米卡萨女性资源中心各项计划的核心。

此外，成功还依赖于能否获得"支持性顾客"，即志愿者、资助

---

○ 美国政府为低收入家庭的儿童提供教育服务，以追求教育公平的一个项目。——译者注

者、其他组织和社区领导者。通过强调结果和数据，米卡萨女性资源中心与各种企业和基金会建立了合作伙伴关系。

在我担任理事时，资助人会得到保证，只要投资 1 800 美元，即可帮助一个处于高危状态的拉丁裔青少年读完高中，而这个年轻人在职业寿命期可以为科罗拉多州带来 20 万美元的税收收入。在接受资助的青少年中，85% 会完成高中学业，超过一半的人会继续读取高等学位。如果资助人希望为未来寻找合格的劳动力，那么，米卡萨女性资源中心就可以做到这一点。今天，米卡萨女性资源中心还在继续着这个传统：它们将各种助学计划融入组织的计划制订过程中，而这些计划也很好地满足了当前劳动力市场的需求，如双语的银行柜员、计算机教学、健康医疗和客户服务项目等。

## 计划应以变革时代的使命为本

对长期性计划而言，最重要的驱动力就是组织的使命。正如德鲁克所言："计划始于使命。"

米卡萨女性资源中心并不是只有使命，它还有很多投身于这项使命的女性。1976 年的时候，在美国建立一家以拉丁裔女性为主体的非营利组织还是一桩突破性和令人振奋的事件。此外，米卡萨女性资源中心的标志也很特别———一座内部带有女性符号的房子，它意味着，随着拉丁裔人的进步，他们的家庭和社区也在不断进步。这个使命极具包容性，以至于在 2008 年的时候也不落伍：推进拉丁裔家庭的经济改善。

尽管米卡萨女性资源中心关注的是拉丁裔，但该组织也积极欢迎其他族裔的加入。它既以文化为中心，又具有包容性。这一点尤其适合于今天的"千禧一代"：你如何打造一个可以容纳四代人和睦共处的组织，让他们肩并肩、手拉手地为了一个共同的事业而努力？如何让你的计划服务于当前日趋多元化的社会？

## 计划应以文化为中心并兼具包容性

一个服务于不同种族人群的组织，必须快速响应其顾客的特殊要求。米卡萨女性资源中心就如同一个文化绿洲，在这里，拉丁裔女性不仅可以重拾信心，还学会了在主流文化中取得成功所需要的技能。

创始人在第一套租住的办公室门上张贴了一幅标语，上面写着"米卡萨的三重性"，体现了拉丁裔所强调的三种价值：慷慨、分享和包容。该组织的成功就建立在这种开放式的理念基础之上。在拉丁裔组织中，米卡萨女性资源中心也是最早由多族裔成员构成董事会的组织之一。这些在各自社区有影响力的管理者成为米卡萨女性资源中心取得成功的重要因素。包容性不仅在组织制订计划、扩大影响和建立社会关系的过程中发挥了积极作用，也体现了一种广纳百川的精神！

## 学习是计划赢得未来的保证

德鲁克提醒组织不要让使命屈从于金钱。在 20 世纪 80 年代，基金会曾鼓励非营利组织借助商业活动扩大资金来源。在对市场需求、女性的技能水平，以及找到启动资金和合作伙伴等因素进行认真分析后，米卡萨女性资源中心发起了一个保洁服务项目，名为"女性触及之处"。通过该项目，参与者的收入较市场类似工作高出了30%。在不到一年的时间里，这些女性便离开了中心，开始独立创办自己的保洁服务机构。原本想要从这里创收的计划也落空了。不过，我们学会了商业运营。

犯错往往是我们最好的老师。今天，拉丁裔已经成为在商业领域中发展最快的少数族裔群体。1988 年，米卡萨女性资源中心创办了商业中心，扶植拉丁裔及其他有志向的创业者创办企业。2013 年，80 家新公司在中心的帮助下得以问世，并创造出了 750 万美元的收入。

## 计划应具有可持续性

尽管几十年的计划、经验和学习促成了很多新项目，但米卡萨女性资源中心的核心使命却始终如一。米卡萨女性资源中心的经历让我们认识到，有效的长期规划离不开如下这些关键要素：

- 使命不仅需要深刻的含义，还必须能适应不断变化的环境——只有源于所服务对象的计划，才拥有强大的生命力。
- 始终以顾客为核心，以结果为导向。
- 由一个领导群体来领导，（员工、理事会、顾客和社区合作伙伴）所有权和责任是分布式的——这是实现可持续性和成功的基础。

- 高度关注项目目标，并对所服务的顾客、成本及其满意度进行跟踪——确保问责。

- 培育有包容性的环境，同时提供以文化为核心的服务。

- 保持灵活性，持之以恒地学习——所谓"失败乃成功之母"。

历史回溯：新兴拉丁裔群体的影响力还是一个新的历史现象，其阶段性标志可以归结为 20 世纪 60 年代的民权运动，以及在 20 世纪七八十年代创建的很多组织。因此，1976 年成立的米卡萨女性资源中心，是最早专注于服务女性的拉丁裔组织之一。

# 送给"千禧一代"的启发

### 卡洛琳·高森

作为领导者,你能做的最重要的任务就是清晰地阐明一个愿景。这样做有助于更快地聚集更有才华、更有经验而且在各个方面都胜过你的人才,通过共同努力,推动组织向着更高远的目标前进。没有清晰的计划,你就无法将愿景转化为现实,因为一旦你成功地激发人们来加入你的创业团队,计划就成为人们可以用双臂拥抱、清晰可见的东西。计划越清晰,被你鼓舞的人和最终决定承诺的人之间的损耗就越少,与此同时,决定承诺的人和采取行动推进共同目标的人之间的损耗也就越少。要让愿景转化为现实的过程不偏移,最强大的工具就是你的计划。

大量数据显示,"千禧一代",尤其是他们当中的女性所创建和管理的企业,取得成功的概率最高。这并不是巧合。这一代人更愿意制订构建他们所去之处的坚定的计划,然后在执行的过程中,在计划的范围内通过反复实验去学习。当你谈论一项计划时,实际上你谈论的是一个活生生的并随需要而变的鲜活的生命体——绝不是僵死的做完便存档的文件。计划已成为思维游戏的共享基础,是你可以和组织中最聪明的头脑做实验的沙盒,是确保你能视觉化地看到结果和测量沙子温度的温度计。

当你与"千禧一代"人交谈时，他们中的大多数人会说"我想创造出某种能改变世界的东西""我想改变环境"或"我想通过教育影响到全世界女性的生存状态"。确实，这个世界不乏需要大胆创新的问题，且很多都面临着时间的紧迫性。我们的"千禧一代"生来就面对着这样一场创新风暴，这要求他们必须快速行动。然而，快速行动并不意味着没有方向。正相反，走得越快，在你前进的轨道上就会出现越多的小曲折，最终导致大的偏离，速度就会放缓，代价就会越大。因此，在制订计划之后，我们还要不断地收集数据，随时评估是否需要在这个计划框架内进行微调，以始终保持聚焦在基本目标上。

当然，某些情况可能需要进行大的调整。另一些情况下，当计划进行到一定阶段时，你甚至会逐渐意识到，随着时间的推移，当初制订计划时所依据的基本假设已不再成立。这同样是一个成功的计划。你不妨把自己设想成一名科研人员：当研究进展到一定阶段时，你发现自己的假设是错误的。这很好，你既节约了时间，还学到了一些有价值的东西。你必须要有实验性的结构、边界和基本特征等，能够定义成功还是失败，而这些要素就构成了计划。

有句谚语是，运气属于那些有准备的人，而准备则是你武器库中唯一可靠的工具。有远见的领导者必须应对各种意想不到的境况，并做出有利于组织的事先安排。计划会随时衡量你取得的每一次胜利，也能缓解你遭遇的每一次损失，因为它会根据事先确立的标准及时发出预警"错了！马上调头"，从而避免你在错误的道路上走得太远。一份缜密周全的计划，可以为组织创造一种共同的语言，引导组织中的每一个人向着同一个目标携手前进。

# 变革型领导力

弗朗西斯·赫塞尔本

在一个游戏规则不断变化的世界里，在经济生活中的每个领域，都有数以百万计的管理者在绞尽脑汁地应对领导力问题带来的新要求、新问题和新挑战。我经常会听到组织领导者和管理者讨论同样的最根本的挑战：转型之旅，从我们今天所处的位置走向横亘在我们面前的模糊不清的未来。在世界的每个角落，无论是大学、社区、公司、政府，还是正在迅速崛起的社会机构，领导者都在不遗余力地推动转型。

几年前，我应北京光华管理研修学院<sup>⊖</sup>的邀请，协同其他四位思想领袖在北京进行了一系列研讨。在与中国同行的谈话中，我们发现，对方居然和我们以同样的语言描绘了愿景的力量——这些语言恰恰就是我们在与救世军、美国陆军、雪佛龙或美国建筑学会合作过程中采用的：愿景、使命和目标。尽管大家在不同语境下的具体用词可能不同，但这些词语所拥有的力量却是相同的。只要有共同的语言，不同行业、文化中的人，都可以展开无障碍的交流与对话，而这无疑将有助于实现组织的转型。

通过与来自公共部门、私营部门和社会部门的机构分享经验，我发现，组织通常需要经过八个里程碑后才能抵达其目的地：成为一个有创造力、有价值、有生命力、有效的组织。这些里程碑不仅适用于大公司或大型组织机构，也适用于小规模的社区团体和"童子军"之类的社会组织。

**1. 审视环境。** 我们可以通过阅读、调查和访谈之类的方式，识别出可能给组织带来影响的重大趋势。战略的本质就是定义这些趋势所产生的影响。有的时候，我们闻风而动，在趋势还未形成时，就已经推出快速响应的计划或方案，而不是在趋势形成之后。这种通过对即将出现的趋势及其影响进行评估，辅以内部数据支持的方法，成为及时调整计划的最基本出发点，并为随后采取的行动提供更坚实的基础。完全依赖于假设的行动可能是致命的。莎拉·伊迪

---

⊖ 北京彼得·德鲁克管理研修学院的前身。——译者注

克瑞拉（Shaila Ittycheria）和凯恩·萨尔汗（Kane Sarhan）共同创建了非营利机构 Enstitute，该机构瞄准的趋势就是高等教育成本的持续上涨和当下青年人的失业危机。为此，他们采取的对策是为年轻人提供为期一年的全职实习机会，让他们在遍布美国各地的高成长性初创企业、小公司和大集团接受锻炼，从而为未来的就业做好准备，同时，也加快他们在职业发展曲线上的成长速度。Enstitute 在急需工作机会的年轻人和愿意为年轻人提供指导的企业家及高管之间搭建了桥梁，并为他们提供了一个为共同目标而合作的机会。在最近刚刚于华盛顿特区启动第二次培训计划之后（Enstitute 从公司的创建地纽约市开始），凯恩和莎拉宣布，他们将把该计划进一步推广到圣路易斯。他们的这一想法源于《福布斯》杂志的一篇报道，称圣路易斯是美国初创企业成长率最高的城市。这很可能为年轻人在这个迅速崛起的城市找到一席之地提供了机会。凯恩和莎拉始终面向未来：他们计划在次年招收 500 个年轻人。

**2. 不断反思组织的使命。** 在弗朗西斯·赫塞尔本领导力研究院，我们每三年都要反思一下组织的使命，并在必要的时候重新对其进行精炼。目前，该基金会已度过了 25 年的光阴，我们也曾经数次反思并修改了我们的使命——认真揣摩我们的聚焦点，实践有计划的放弃，甚至重新命名了我们的基金会。至于最后一点的原因，倒不是第一次我们没有做对，当时德鲁克就在场，但是当彼得·德鲁克去世后，他的名字只属于他的家族。

使命声明简要地说明了为什么我们要做现在正在做的事情，我们存在的理由是什么，或者说，我们的目的是什么。当认识到管理只是一种工具而不是目的时，我们就不会为了管理而去管理，而是为了使命而去管理。一个组织的使命并不是为了定义它该如何去运营，而是它为什么要这样运营。使命必须清晰、强大、引人注目，而且还要简明扼要。在重新审视使命的时候，我们问自己德鲁克用于帮助组织的五个重要的问题中的前三个问题：

- 我们的使命是什么？
- 我们的顾客是谁？
- 我们的顾客重视什么？

在回答这些问题时，我们就是在为实现使命而进行管理了。

**3. 消除等级制度**。转型要求人们走出旧的组织框架，进入一种灵活和具有流动性的管理体系。我们不可能继续把人禁锢在组织结构图中一个个孤立的方框内，从心理学角度来说，就是把他们围于封闭的盒子里。相反，去设计编制时，我们更推崇同心圆管理——让所有职能和岗位均围绕同一个圆心展开，形成一个有机的整体。这样，我们就可以通过工作轮换丰富员工的职业生活，让人们以循环的方式学习新的技能，拓展自己的视野，就形成一种同心圆的管理模式。我们必须消除已经不适合当今知识型员工的层级制度，因为他们的工具箱就在自己的头脑里。

**4. 挑战传统信念**。没有不可改变的事，我们要敢于挑战每一项政策、实践、程序和假设。组织在转型过程中必须采取"有计划的放弃"——放弃那些只适合今天，但与未来和我们着眼于未来所打造的组织不相干的程序、政策和做法。

**5. 充分发挥语言的力量**。领导者必须反复传递少数几个清晰、始终如一的要旨。他们必须用声音去领导，与所有的顾客及所有的部门沟通简洁而强有力的要旨，建立连接，启发思绪。Airbnb 是一个全球性的社区市场，它将寻求可靠的高品质住宿的旅行者与提供独特住宿地点的房主连接起来。当网站的三位创始人布莱恩·切斯基（Brian Chesky）、乔·杰比亚（Joe Gebbia）和内森·布莱卡斯亚克（Nathan Blecharczyk）反问自己"我们的使命是什么"时，他们不约而同地想到了"归属感"。他们第一次让全世界的社区与 Airbnb 的顾客连接起来，第一次让任何人都可以属于任何地方。而这就是他们创建这家公司的核心思想：归属。这种无比强大的愿望，借助与之匹配的语言，是引导组织实现转型的要素。

**6. 领导力分散于整个组织**。所有组织都不可能只有一个领导者，而是要有很多领导者。对此，有些人将其称为授权，还有些人将其称为领导责任的分享。而我认为这是分散式的领导力，也就是说，在组织的各个层面上培养领导者，并让他们在组织的各方面发挥作用。领导力是一种每个组织成员都应该分享的责任，它同样应该表现为圆形。

**7. 身先士卒，而非幕后推手**。未来的领导者不应该是见风使舵的墙头草。领导者必须在事关组织的问题上态度明确、立场坚定，他们是企业使命、价值观和原则的体现。领导者是所期望的企业行为的典范，他们从不食言。他们深知，领导的实质在于做人，而不是做事。

**8．绩效评估**。自我评估对于推进转型非常重要。从组织转型一开始，我们就要对使命、总体目标和阶段性目标非常清楚。与此同时，明确的行动步骤和衡量成果的计划，则是规划组织转型必不可少的前提。随后，我们就可以带着目标和衡量标准踏上实现目标的征程。而在这个过程的终点，也就是这个旅程最令人欢欣鼓舞的阶段，我们还需要对绩效做出评估，并庆祝转型的成功。此时，我们要对德鲁克的五个经典问题中的最后两个问题做出回答：

- 我们的成果是什么？
- 我们的计划是什么？

在全球范围内，对于那些意识到未来脆弱时代的领导者，转型之旅就是引领组织走向未来之旅。这些领导者一步步地带领今天的组织，将其转型成为明天之高生产力、高绩效的组织。在这段漫长而艰难的征程中，尽管我们知道每个阶段的里程碑，但目的地并未标明。对每个组织来说，其目的地的位置不仅取决于整个路线，还取决于其使命的品质，以及它所激发出来的领导力。

# 送给"千禧一代"的启发

劳伦·梅里安·贝尔斯

30 岁之前，我就成了一个单身母亲，这让我对"人生伴侣"进行了一番深刻的思考。今天，我个人关系中最重要的特征同样也是我商业关系中最重要的特征。与此同时，对领导者品质的思考，也让我成为一名更优秀的商界人士。

对于"千禧一代"来说，职场成功与生活成功之间的相互依赖性要远远超过以往任何一代人。也正因为如此，我们在个人生活中所寻找的很多优良品质和特质，也可以运用到我们的职业生活中。

组织聘用一个人，并不完全是因为他在简历中罗列的诸多技能。有些人或许专业能力超群，但缺乏专注力，在道德的罗盘上摇摆不定，不值得信任，或是为人不可靠。

每一天，雇主都要去寻找那些值得信赖的人、那些诚实可靠的人、那些智慧且有适应能力的人、那些能够从容应对逆境的人、那些愿意而且能够去学习胜任本职工作所需要的知识和能力的人，将他们纳入麾下，或者与其合作，或者合伙。

这就是我自己转变我的生活与职业的故事。我曾接受邀请参与 Gen Y 资产管理公司的初创工作，走入早期创业投资世界。这倒不是因为我是一个不错的投资人，而是因为我对人格品质有非常强的判断力、对投资机会具有极强的分析能力，也是因为人们都知道，只要是我承诺过的事情，我就会不遗余力地去兑现承诺，而且作为早期创业投资者，我会为了取得成功而去学习一切需要学习的东西。

认真思考在你个人生活中对你而言最有意义的个性和品质，也会帮助你在自己的职业生涯中实现转型。正如弗朗西斯·赫塞尔本所指出的那样："归根结底，决定组织成果的，是领导者的个性与品质。"

Peter Drucker's
Five
## Most Important
Questions

# 自我评估流程

彼得·德鲁克

　　自我评估工具（The Self-Assessment Tool）被有意开发成一种具有灵活性的资源。你如何利用本书，则取决于你所处的环境及实施自我评估的具体目的。这本书并不会自己跑到你的手里。它之所以会出现在你的手里，是因为你本身就对它抱有兴趣，或是某个评估团队、导师、管理者或领导者设计了一套自我评估流程，并在其中为你设置了一个角色，邀请你参与。因此，这个团队或个人就有责任向你解释自我评估的目的，并为你指出具体的时间安排和任务要求。

　　自我评估流程需要广泛的参与，只有这样，才能保证让相关人士理解它、接受它，并愿意为之付诸行动。自我评估流程的某些部分是分开的，有可能需要几个星期的时间来完成。对一个组织的全面自我评估需要经历三个阶段，耗费几个月的时间。通过详细的"流程指南"，你可以向自我评估的负责人说明应该如何合理组织并指导自我评估工作。

　　这本书有两重目的：①指引你个人的思考方向；②为你和其他人进行有意义的讨论和决策做好准备。为最大限度地发挥这本书的价值，你需要做如下三件事：

　　1. 全面审阅所提供的与你的组织、顾客、运营环境的变化趋势及其他自我评估材料或报告相关的信息。

　　2. 一次或多次拿着这本书静静地坐下来，花时间认认真真地通读，对书中提出的重要问题进行深入思考后再回答。

　　3. 积极地开展静思，参与集体讨论、一对一的深度访谈或其他形式的自我评估会议。

　　关于如何使用这本书，我最后的一句话是：请不要在最后时刻囫囵吞枣地去看这本书。书中提出的五个问题貌似简单，实则不然。要拿出时间来消化，认真琢磨。只要运用得当，自我评估必定会有助于提升你的工作技能、胜任力和承诺。积极主动的参与必将为我们提供一个拓宽视野和塑造未来的机会。[1]

**Peter Drucker's  
Five  
Most Important  
Questions**

# 建议进一步探索的问题 *

"自我评估工具"最重要的东西就是它所提出的问题。这些问题的答案也很重要；我们之所以需要答案，是因为我们最终要采取行动。但最重要的，还是不断地向自己提出这些问题。

——彼得·德鲁克

# 问题1：我们的使命是什么

在你试图回答"我们的使命是什么"这个最具概括性的问题时，不妨将这个问题细分为几个小问题，这或许有助于你找到苦苦寻觅的答案。

## 我们试图达成什么？ *

- 你的组织当前对于组织的使命的理解是什么?*
- 你的组织是为何而存在的?*
- 你为什么要做现在做的事情?*
- 归根结底，你希望人们记住你什么?*

## 你的组织正在面对哪些重大的内外部挑战、机遇和问题？

- 组织正在面对哪些挑战，是人口结构的变化、立法或法规、新出现的技术还是竞争？
- 哪些重大的机遇正在呈现，是合作和建立合伙关系、最先进的实践或方法，还是社会与文化发展趋势？
- 哪些新出现的重大问题是组织必须要面对的，是对多语种员工的需求、社区层面的问题、市场份额、医疗成本的上涨，还是要改变分销渠道？

### 我们的使命是否需要调整？*

- 是否需要重新定义我们的使命声明？如果不需要的话，为什么？如果需要的话，又是因为什么？*

- 如需调整的话，你会以何种形式重新书写组织的使命声明或调整其关注点？*

- 新的使命声明会带来哪些主要好处？何以见得？*

- 如果组织的新使命存在问题，最有可能遇到的是什么问题？问题出现在哪些人当中？为什么会这样？如果有可能的话，组织需要采取哪些步骤去控制这种变化？*

## 问题2：我们的顾客是谁

在你试图回答"我们的顾客是谁"这个概括性的问题时，不妨将这个问题细分为几个小问题，这或许有助于你找到答案。

### 如何寻找我们的顾客？

- 编制一份清单，列举出谁会使用组织的产品或服务。非营利组织可以从这份清单中找出谁是组织的主要顾客——他们的生活会因为组织的工作而发生变化。商业组织同样可以从这份清单中找出谁是组织目前的主要顾客，并根据人口结构变化等因素来分析确定这些顾客能否长期成为组织的顾客？对于公共机构，主要顾客通常是由法律规定或由建立该机构的政府机构所确定的。

- 编制一份清单，列举出组织内外必须满足的支持性顾客，譬如志愿者、会员、合伙人、出资者、推荐人、雇员及其他人。

- 组织能为每一类顾客提供什么价值？*

- 组织的优势、能力和资源是否与这些顾客的需求相匹配？如果是的话，以哪种方式实现匹配？如果不是的话，为什么？*

## 我们的顾客是否发生了变化？ *

- 如果顾客发生了变化，他们是以哪种方式变化的？不妨从如下几个方面考虑：*

  ➤ 人口结构（年龄、性别、种族和民族）。*

  ➤ 基本需求（培训、收容、日常护理等）。*

  ➤ 数量（更多或更少）。*

  ➤ 生理健康和心理健康（譬如对药物的依赖性、家族性疾病）。*

  ➤ 其他方式（如位置、工作地点）。*

- 这些变化对你的组织而言有何影响？*

## 我们应该增加还是放弃某些顾客？ *

- 组织是否应服务于来自其他群体的顾客？为什么？*

- 组织拥有哪些能为这些顾客提供服务的特殊能力?*

- 组织应放弃当前的哪些顾客群（如果有)?*

- 为什么要放弃他们？（是因为他们的需求发生了变化？你拥有的资源过于有限？其他组织在服务这些顾客时更有效？他们的需求不符合贵组织的使命？还是贵组织能力上有问题?)*

# 问题3：我们的顾客重视什么

在你试图回答"我们的顾客重视什么"这个概括性的问题时，不妨将这个问题细分为几个小问题，这或许有助于你找到答案。

## 如何了解顾客重视什么? *

- 想想你的组织能为你的主要顾客提供哪些在其他地方无法获得的价值，满足顾客的某种特殊需求，获得顾客的满意，或者带来某种好处。对每一类主要顾客群，简要地描述组织能给予他们的每一种价值。*

- 想想你的组织能为你的支持性顾客提供哪些在其他地方无法获得的价值，满足顾客的某种特殊要求，获得顾客的满意，或者带来某种好处。对每一类支持性顾客，简要地描述组织能给予他们的每一种价值。*

- 你的顾客的长期愿望是什么？你的组织拥有哪些能满足这些

愿望的能力和特长？

- 你的组织在满足每一位顾客的需求方面表现如何？*

- 你如何运用你对顾客的了解来做出如下决策？*

    ➤ 产品或服务。

    ➤ 人员招募。

    ➤ 培训。

    ➤ 创新。

    ➤ 筹集资金。

    ➤ 市场营销。

    ➤ 其他。

- 你可以利用哪些组织内外部的资源来确定顾客的满意程度？比如，你是否需要对当前顾客和已不再接受服务的既往顾客进行一次调查？*

- 你的支持性顾客认为什么是有价值的？*

- 如果他们是赞助者，那么，他们是重视认同感，还是重视造福于社区的那种感觉呢？

- 如果他们是志愿者，那么，他们之所以拿出自己的时间，是因为他们希望能学习到新的技能、结交到新的朋友，还是认为这会有助于改变他们的生活呢？

- 如果他们与你的主要顾客有关系，你能否像他们的家庭成员那样，清晰地了解他们的期望是什么呢？

- 如果他们是你的产品或服务的分销商或供应链中的一员，那么，他们在其使命、盈利能力和目标方面存在哪些需求和约束呢？

# 问题4：我们的成果是什么

在你试图回答"我们的成果是什么"这个概括性的问题时，不妨将这个问题细分为几个小问题，这或许有助于你找到答案。

## 我们该如何定义组织的成果？ *

- 在认真思考了德鲁克前三个有关使命、顾客和价值的问题之后，你能否对"成果"做出不同的定义呢？为什么能，或者为什么不能？*

- 你会如何定义未来的成果呢？*

## 我们的组织在多大程度上实现了这些成果？ *

- 考虑到你在上一部分做出的回答，你的组织在多大程度上实现了这些成果？*

- 你的组织有哪些重大活动或项目有助于（或者阻碍）实现这些成果？*

- 你如何在未来对成果做出定量和定性的衡量？

## 我们使用资源的效果如何？ *

- 你的组织在利用志愿者、董事会、员工及其他人力资源方面表现如何？你是凭什么做出这个判断的？组织在这方面应该采取哪些措施？*

- 你的组织在利用资金、建筑物、投资和赠予等财务资源方面表现如何？你是凭什么做出这个判断的？组织在这方面应该采取哪些措施？*

- 你是如何有效地关注贵品牌的价值和定位，以及品牌承诺的？

- 你的组织在吸引和维护捐赠者方面取得了什么成果？为什么是这样？*

- 组织如何定义自己的成果，并与捐赠者分享这些成果？如果需要的话，你应该以何种方式改变这种流程？为什么需要改变，或者为什么不需要改变？*

- 是否有其他类似的组织在利用其人力资源或财务资源方面做得更好？在吸引和满足捐赠者方面或利用其董事会方面呢？如果有的话，为什么会是这样？你从它们身上能学到什么？*

# 问题 5：我们的计划是什么

在你试图回答"我们的计划是什么"这个概括性的问题时，不妨将这个问题细分为几个小问题，这或许有助于你找到答案。

## 我们学到了什么，以及我们提出了哪些建议？*

- 列出最重要的教训，并对其他人所推荐的对策进行总结。*

- 认真思考那些不仅对你的分内职责有帮助，而且有助于对组织的未来发展方向和行动进行规划的信息。*

## 我们应将精力集中到何处？*

- 列出你认为自己的团队或你的职责范围内所应关注的领域。然后，简要阐述你的理由，以及每个领域如何与使命相匹配。*
- 根据你已经掌握的信息，列出你认为你的组织应关注的领域。然后，简要阐述你的理由，以及每个领域如何与使命相匹配。*

## 我们应该采取哪些不同的做法？*

- 组织是否应增加某些项目、活动或顾客需求？*
- 组织是否应放弃某些项目、活动或顾客需求？*
- 如果不能在组织内部对这些问题进行有效或高效的处理，能否将这些问题外包给其他组织来处理？*
- 为什么要这样做？*

## 我们有什么计划来使组织实现这些成果？*

- 哪些总体目标可以让你实现预期的成果？
- 对非营利组织来说，有哪些总体目标（基本宗旨）能改变人们的生活，并帮助你进一步推进使命的达成？

- 哪些可考量的阶段性目标能让你实现组织的总体目标？

- 哪些可考量的行动步骤能让你达到自己的阶段性目标？

- 你需要设定怎样的资源预算来实现这些总体目标、阶段性目标和行动步骤？

- 完成行动计划的截止日期是什么？

- 对于实现每个总体目标、阶段性目标和行动步骤，由谁来负责并承担后果？

- 你需要配备哪些人员来支持这项计划？

- 你将怎样评估和衡量期望达成的成果？

## 对于我的团队或我负责的领域，我需要什么计划来实现成果？ *

- 编制一份清单，列出你在职责范围内有权采取的行动，以及需要获得相关董事会或人事部门批准的建议。*

- 之后，设定批准和落实的目标日期。*

- 确定需要配备的支持性人员。*

# 注 释

## 序言

1. Peter F. Drucker, *The Five Most Important Questions You Will Ever Ask About Your Nonprofit Organization* (San Francisco：Jossey-Bass, 1993).

## 前言

1. 巴恩斯－诺贝尔学院（Barnes & Noble College）与"千禧一代重要之原因"项目联手，开展了一项针对大学生关于职业动机、影响和成功所需能力等问题的全美调查，相关情况见：www.bncollege.com/news/understanding-the-millennial-mindset.

## 为什么要进行自我评估

1. Peter F. Drucker, *The Five Most Important Questions You Will Ever Ask About Your Nonprofit Organization* (San Francisco：Jossey-Bass, 1993), 2.

2. Gary J. Stern, *The Drucker Foundation Self-Assessment Tool：Process Guide*, rev. ed. (San Francisco：Jossey-Bass, 1999), 4.

3. Peter F. Drucker, *Five Most Important Questions*, 3.

4. Stern, *Drucker Foundation Self-Assessment Tool*, 4.

5. 同上。

6. Peter F. Drucker, *The Drucker Foundation Self-Assessment Tool：Participant*

*Workbook*, rev. ed. (San Francisco: Jossey-Bass, 1999), 5.

7. 同上。

8. 同上。

## 问题之一：我们的使命是什么

1. Peter F. Drucker, *The Drucker Foundation Self-Assessment Tool: Participant Workbook*, rev. ed. (San Francisco: Jossey-Bass, 1999), 14 – 16.

## 问题之二：我们的顾客是谁

1. Peter F. Drucker, *The Drucker Foundation Self-Assessment Tool: Participant Workbook*, rev. ed. (San Francisco: Jossey-Bass, 1999), 22 – 24.

## 问题之三：我们的顾客重视什么

1. Peter F. Drucker, *The Drucker Foundation Self-Assessment Tool: Participant Workbook*, rev. ed. (San Francisco: Jossey-Bass, 1999), 32 – 34.

## 问题之四：我们的成果是什么

1. Peter F. Drucker, *The Drucker Foundation Self-Assessment Tool: Participant Workbook*, rev. ed. (San Francisco: Jossey-Bass, 1999), 40 – 44.

2. George, Bill, *True North: Discover Your Authentic Leadership*, with Peter Sims (San Francisco: Jossey-Bass, 2007).

3. Headquarters, Department of the Army, *Army Leadership*: ADRP 6 – 22 (Washington, DC: Training and Doctrine Command, 2011), 4 – 1.

## 问题之五：我们的计划是什么

1. Peter F. Drucker, *The Drucker Foundation Self-Assessment Tool*: *Participant Workbook*, rev. ed. (San Francisco: Jossey-Bass, 1999), 52 – 56.

## 自我评估流程

1. Peter F. Drucker, *The Drucker Foundation Self-Assessment Tool*: *Participant Workbook*, rev. ed. (San Francisco: Jossey-Bass, 1999), 7 – 8.

## 建议进一步探索的问题 *

本部分内容摘自彼得·德鲁克的 *The Five Most Important Questions You Will Ever Ask About Your Nonprofit Organization* (San Francisco: Jossey-Bass, 1993) 一书。文中带 * 号的问题并非由德鲁克亲自编写，而是出自培训师玛利亚·卡朋特·奥特 (Maria Carpenter Ort) 与塔玛拉·伍德贝利 (Tamara Woodbury)，二人在编写这本书的过程中与德鲁克进行了深入合作。他们与该书的责任编辑彼得·伊科诺米 (Peter Economy) 一起提出了这些问题，用以解决一些在德鲁克所写原文中并未涉及的常见情况。

# 名词解释

**行动步骤**（action steps）：为实现组织的阶段性目标而采取的详细计划和行动。

**评价**（appraisal）：对实现阶段性目标和获取成果的进度实施监督的过程；也是为了实现阶段性目标，可能会根据经验或者变化了的条件而修改计划的节点。

**预算**（budget）：为实施计划所需投入的资源，也是特定工作计划的财务表现形式。

**顾客**（customers）：组织为实现其成果而必须满足的那些人群。主要顾客（primary customer）是指那些生活会因组织的工作而发生变化的人群。支持性顾客（supporting customers）是组织必须满足的人群，包括志愿者、会员、合伙人、资助者、介绍人、员工以及其他组织必须满足的人群。

**顾客价值**（customer value）：那些能够满足顾客的需求（生理健康和心理健康）、希望（提供服务的时间、地点和方式）和愿望（期望获得的长期结果）的东西。

**深度访谈**（depth interviews）：对组织内部选定的人群，进行一对一的访谈，以突出他们的观点。访谈的结果可以为集体讨论和决策提供检验标准。

**总体目标（goals）**：一组由 3～5 个目标组成的目标体系，它为组织设定了最根本的长远方向。

**使命（mission）**：你为什么要做正在做的事情；组织存在的理由及其目的。或者说，归根结底，你希望自己因何而被人们记住。

**阶段性目标（objectives）**：具体的、可衡量的成果水平。

**计划（plan）**：你所建议的实现组织的总体目标、阶段性目标、行动步骤的途径和方法。为保证其有效性，计划必须包括确定无疑的完成日期；对实现总体目标、阶段性目标、行动步骤负责并承担后果的具体人选；必要的人力资源（人）和财务资源（资金）。

**成果（results）**：组织的绩效底线。根据对人们生活的改变来定义——人们的行为、环境、健康、希望、能力或才干等。成果总是产生在组织之外。

**愿景（vision）**：是对组织未来的描绘。

## 注释：

除了"计划"条目之外，其他都摘自：Peter F. Drucker, *The Drucker Foundation Self-Assessment Tool：Participant Workbook*, rev. ed. (San Francisco：Jossey-Bass, 1999), 9 – 10.

# 补充资料

- 德鲁克研究所：www. druckerinstitute. com
- 弗朗西斯·赫塞尔本领导力研究院：www. Hesselbein-institute. org
- 北京彼得·德鲁克管理研修学院（简称：德鲁克管理学院）：www. pfda. com. cn<sup>⊖</sup>
- *Leader to Leader* 期刊：www. leadertoleaderjournal. com
- 弗朗西斯·赫塞尔本学生领袖及公民参与全球研究会（Hesselbein Global Academy for Student Leadership and Civic Engagement）：www. hesselbein. pitt. edu
- 弗朗西斯·赫塞尔本学生领导力项目（Frances Hesselbein Student Leadership Program）：http：//bit. ly/hesselbein
- "千禧一代重要之原因"项目（琼·西德尔·库尔）：www. whymillennialsmatter. com
- 伯纳德·班克斯上校在 HBR 上的博客：http：// blogs. hbr. org/col-bernard-banks
- 乔安娜·鲍达斯：www. juanabordas. com

---

⊖ 此条为中文版特别补充。——编者注

- Pencils of Promise（亚当·布劳恩）：www. pencilsofpromise. org

- Levo League（卡洛琳·高森）：www. levo. com

- 马歇尔·戈德史密斯的博客：www. marshallgoldsmith-feed forward. com/marshallgoldsmithblog

- 纳迪拉·西拉的博客：www. nadirahira. com/blog

- 菲利普·科特勒，《哈佛商业评论》：

  http：//hbr. org/authors/kotler

- The Leadership Challenge（吉姆·库泽斯）：

  www. leadershipchallenge. com

- 拉古·克里希纳穆尔蒂在 HBR 上的博客：

  http：//blogs. hbr. org/raghu-krishnamoorthy

- 拉古·克里希纳穆尔蒂在 LinkedIn 上的博客：

  https：//www. linkedin. com/today/author/26132621

# 其他作者简介

伯纳德·班克斯上校：美国西点军校行为科学与领导力研究室主任。他担任了大量战术指挥及参谋工作，其工作的区域涵盖美国本土、韩国及中东地区。班克斯上校曾获得数不清的奖项和勋章，包括"青铜勋章"、陆军部颁发的"道格拉斯·麦克阿瑟将军领导力奖章"等。此外，他还拥有哥伦比亚大学社会组织心理学博士学位。美国军事学院的官方网站为：www. usma. edu。

劳伦·梅里安·贝尔斯：战略营销和品牌咨询公司 LMB 集团的创始人兼首席执行官，她将自己在营销领域亲身获得的知识、专家意见和热情，毫无保留地奉献给自己的客户。此外，贝尔斯还是早期创业投资公司 Gen Y 资产管理公司的创始合伙人之一。在加入 LMB 集团之前，她曾是 Sugarleaf 葡萄园的所有人、创建者和首席运营官（COO），这是弗吉尼亚州唯一一家由非洲裔美国人拥有和经营的葡萄酒酿造厂。她还著有 The Path Redefined：Getting to the Top on Your Own Terms 一书。劳伦·梅里安·贝尔斯的个人网站：www. laurenmbias. com。

乔安娜·鲍达斯：Mestiza 领导力国际集团总裁，美国西班牙裔领导力学会（National Hispana Leadership Institute）的创始人兼首席执行官。她曾担任仆人式领导力绿叶中心（The Greenleaf Center for Servant Leadership）和国际领导力协会（International Leadership

Association）的理事。她还是创造性领导力中心（Center for Creative Leadership）的第一位拉丁裔教师。鲍达斯著有 *Salsa*，*Soul*，*and Spirit——Leadership for a Multicultural Age* 一书，该书赢得了 2008 年领导力方面的"国际拉丁语最佳书籍"奖项；她还著有 *The Power of Latino Leadership*，获得 2014 年 Nautilus 最佳多元文化书籍奖和 2014 年领导力方面的"国际拉丁语最佳书籍"奖项。乔安娜·鲍达斯的个人网站：www. mestizaleadership. com。

**亚当·布劳恩**：《纽约时代》畅销书作者和"许诺铅笔"（Pencils of Promise）的创始人，这个屡获殊荣的组织曾先后在全球各地创办了 300 多所学校。最近几年，他曾入选《福布斯》杂志的"福布斯 30 位 30 岁以下创业者"名单，被《连线》（*Wired*）杂志评选为"50 位改变世界的人"之一，并成为世界经济论坛评选的"首10 位全球塑造人"。布劳恩还是美国白宫、联合国及"克林顿全球倡议行动"（Clinton Global Initiative）的演讲嘉宾。他著有 *The Promise of a Pencil*：*How an Ordinary Person Can Create Extraordinary Change* 一书。亚当·布劳恩的个人网站：www. adambraun. com。

**吉姆·柯林斯**：是他那代人中最伟大的思想领袖之一。他既是很多伟大企业的学生，也是他们的导师——他深知这些企业如何成长、如何取得卓尔不群的业绩，以及如何从优秀走向卓越。柯林斯著有大量的传世经典之作，包括《从优秀到卓越》《选择卓越》《基业长青》和著作集《从优秀到卓越：社会机构版》。个人网站：www. jimcollins. com。

**卡洛琳·高森**：Levo 联盟的创始人之一兼首席执行官，该公司利用技术手段，指导并为其会员提供打造卓越所需要的工具，譬如，开发他们的天赋、建立社交联系和相互学习。Levo 于 2012 年成立，在纽约和旧金山设立办事处，目前，Levo 已与 900 多万名专业人才建立了密切联系，成为规模最大、增长最快的 Gen Y 人才培养的摇篮。最近，高森被《快公司》（*Fast Company*）评选为最有创造力的商业人士，被 Mashable 称为每个创业者都应该知道的女性创始人。Levo 联盟的官方网站：www. levo. com。

**凯利·戈德史密斯**：2009 年成为凯洛格管理学院（Kellogg School of Management）市场营销学教师，并获得 "Donald P. Jacobs 学者" 奖。戈德史密斯博士的研究领域主要涉及消费者决策过程，尤其是审视消费者的行动目标及心态如何影响他们的选择。在加入凯洛格管理学院之前，戈德史密斯博士曾先后在耶鲁大学获得文科硕士以及哲学硕士和博士学位。凯洛格管理学院的官方网站：www. kellogg. northwestern. edu。

**马歇尔·戈德史密斯**：他在 "帮助成功的领导者们打造积极正向和持久的行为转变：包括他们自己、员工及其团队" 方面是国际权威人士。2013 年，他被评选为 "全球十大最有影响力的商业思想家" 之一，被 Thinkers50 称为全球顶级的高管教练。他编写或著有 34 本书，累计销量超过 100 万册，包括《纽约时报》和《华尔街日报》的畅销书《魔劲》（*MOJO*）和《习惯力》（*What Got You Here Won't Get You There*），尤其是后者，被《华尔街日报》评选为年度商业类书籍第一名，并获得年度"商业类书籍哈罗德·朗文"奖。他的作品被翻译成 30 种语言，在 12 个国家成为畅销书。马歇尔·戈德史密斯的个人网站：www. marshallgoldsmithlibrary. com。

**弗朗西斯·赫塞尔本**：弗朗西斯·赫塞尔本领导力研究院的创始人兼总裁，其前身是彼得·德鲁克基金会非营利组织管理学院。她曾担任美国女童子军 CEO，并被比尔·克林顿总统授予"总统自由勋章"。赫塞尔本著有《我的领导生活：经验教训历程》（*My Life in Leadership：The Journey and Lessons Learned Along the Way*）、《赫塞尔本论领导》（*Hesselbein on Leadership*）及《赫塞尔本再论领导》（*More Hesselbein on Leadership*），并参与编著了大量作品，包括 *Be*，*Know*，*Do*；此外，她还是畅销刊物 *Leader to Leader* 的主编。弗朗西斯·赫塞尔本领导力研究院的官方网站：www. HesselbeinInstitute. org。

**纳迪拉·西拉**：一位屡获殊荣的作家、编辑、演说家、电视特邀嘉宾、涉猎广泛的轶事编写者和重大会谈的主持人。作为《世界主义者》（*Cosmopolitan*）杂志的"千禧一代顾问委员会"的成员之一，西拉即将出版《误导：一代领导者如何失去了信仰》（*Misled：How a Generation of Leaders Lost the Faith*）一书。纳迪拉·西拉的个人网站：www. nadirahira. com。

**菲利普·科特勒**：芝加哥西北大学凯洛格研究生院国际营销学教授，曾与南希·李（Nancy Lee）合著有《企业的社会责任》（*Corporate Social Responsibility：Doing the Most Good for Your Company and Cause*）

一书。此外，科特勒博士还曾在各大主流期刊上发表了100多篇文章，其中包括《哈佛商业评论》、《斯隆管理评论》、《商业视野》（*Business Horizons*）、《加州管理评论》（*California Management Review*）和《市场营销学报》（*Journal of Marketing*）等。科特勒营销集团（Kotler Marketing Group）的官方网站：www. kotlermarketing. com。

**吉姆·库泽斯**：与巴里·波斯纳（Barry Posner）合著有畅销书《领导力》（*The Leadership Challenge*），该书的销量超过100万册。此外，他还是圣塔克拉拉大学 Leavey 商学院创新与创业中心（Center for Innovation and Entrepreneurship）的执行董事。2010年，库泽斯获得教学系统协会（Instructional Systems Association）颁发的"思想领袖奖"，这是培训与人才培养行业协会颁发的最高级别奖项。库泽斯与波斯纳的个人网站：www. leadershipchallenge. com/home. aspx。

**拉古·克里希纳穆尔蒂**：负责通用电气全球人才储备、学习与人才开发业务，并负责通用电气在全球的克罗顿维尔领导力开发学院。从2009年到2013年，他在通用电气航空公司担任副总裁，主管人力资源，该公司的业务规模达200亿美元。此前，他是集团商务及沟通部门的人力资源主管，负责强化公司的全球商业能力；此外，他还是通用电气商务委员会委员。通用电气的官方网站：www. ge. com。

**琼·西德尔·库尔**：拥有超过13年的企业管理经验，曾先后在礼来制药（Eli Lilly）、弗罗斯特实验室（Forest Laboratories）和阿特维斯公司（Actavis）负责销售、市场营销、组织效益、培训和人才开发等业务。库尔用了10年的时间，为全球数以千计的"千禧一代"进行校园演讲、指导和咨询,这最终促使他牵头发起了"千禧一代重要之原因"项目。该项目总部位于纽约市,是一家集 Gen Y 年轻人演讲、研究和咨询于一身的公司,旨在提升雇主对投资于年轻劳动力和"千禧一代"消费市场的价值的认知。库尔是国际知名的演说家和作家,也是弗朗西斯·赫塞尔本领导力研究院的董事会及《世界主义者》杂志"千禧一代顾问委员会"的成员之一。"千禧一代顾问委员会"的官方网站:www. whymillennialsmatter. com。

**卡斯·雷泽罗:**曾先后创建了很多家公司,其中,最后一家巴迪媒体公司(Buddy Media)被 Salesforce. com 以 7. 45 亿美元的价格收购。在创建巴迪媒体之前,卡斯·雷泽罗还创建了 GOLF. com,该公司于 2006 年被时代公司收购。她不仅是 GOLF. com 的创始人之一,还担任公司的总裁兼首席运营官,在这里,她帮助公司从最初的创业想法发展成为一家拥有数百万美元销售额的互联网企业。通过自己的投资基金(Lazerow Ventures),雷泽罗在数字媒体公司领域是一个活跃的投资者,其投资对象中有超过 40 家技术性公司,包括脸书、Tumblr、BuzzFeed、Mashable、Domo、Rebel Mouse 和 Namely 等。卡斯·雷泽罗的个人网站:www. lazerow. com。

**迈克·雷泽罗:**曾先后创建了很多家公司,其中,最后一家巴迪媒体公司被 Salesforce. com 以 7. 45 亿美元的价格收购。迈克在数字媒体和市场营销领域是业内公认的具有创新能力的领导者之一。他的署名文章经常出现在《财富》《广告时代》(Advertising Age)、Fast Company 等知名刊物上,他还频繁地在 CNN、CNBC、彭博、BBC 和其他广播媒体中担任嘉宾。他借助自己的投资基金（Lazerow Ventures）成为数字媒体公司领域活跃的投资者，其投资对象中有超过 40 家技术性公司，包括脸书、Tumblr、BuzzFeed、Mashable、Domo、Rebel Mouse 和 Namely 等。迈克·雷泽罗的个人网站：www. lazerow. com。

**卢克·欧文斯**：最近曾就职于赋桥集训营，监管教练运营。欧文斯 2011 年还在哈佛商学院攻读 MBA 学位的时候，很幸运地找到了一份兼职老师的工作，从此他与 21 世纪的课堂结下了不解之缘。他计划在全球范围内继续探索才刚刚开始的职业生涯。在进入哈佛商学院之前，欧文斯在普林斯顿大学获得了经济学学士学位，并曾在麦肯锡公司的华盛顿特区办事处从事过一段时间的工作。卢克·欧文斯的个人邮箱：owings. luke@ gmail. com。

**米切尔·拉德帕沃尔**：Holstee 公司的创始人之一。该公司位于布鲁克林区，其产品和体验就是帮助我们每个人牢记什么是最重要的事情。他也是 Holstee 的首席故事作家，与世界分享其创新的素材、设计和生产的方法。他与其他两位创始人大卫·拉德帕沃尔（David Radparvar）和法比安·福特穆勒（Fabian Pfortmüller）一同创建了一家以价值驱动的公司，并成为这一代人中标志性的品牌。Holstee 公司的官方网站：www. holstee. com。

**V. 卡斯特利·兰根**：哈佛商学院营销学"马尔科姆·麦克奈尔"（Malcolm P. McNair）教授，著有《全球贫困的商业解决方案：创造社会和经济价值》（*Business Solutions for the Global Poor：Creating Social and Economic Value*）和《市场进入战略转型：渠道管理的三原则》（*Transforming Your Go-to-Market Strategy：The Three Disciplines of Channel Management*）。曾担任哈佛商学院营销系的系主任（1998—2002 年），目前担任该校社会企业发展中心（Social Enterprise Initiative）主席。哈佛商学院的官方网站：www. hbs. edu。

**朱迪斯·罗丁**：自 2005 年以来一直担任洛克菲勒基金会总裁。作为一位从事开创性研究的心理学家，罗丁博士曾担任宾夕法尼亚大学校长，也是常春藤大学联盟的第一位女性负责人。更早前，她还担任过耶鲁大学的教务长。罗丁博士先后发表过 200 多篇学术论文，并自著和合著了 13 本书。她获得了 19 项荣誉博士学位，并被 *Crain* 评选为纽约最有影响力的 50 位女性之一。此外，她还连续三年被《福布斯》杂志评选为"世界最有影响力的 100 位女性"之一。洛克菲勒基金会的官方网站：www. rockfound. org。

# 有关弗朗西斯·赫塞尔本领导力研究院

我们首先从 1990 年创建的彼得·德鲁克非营利组织管理基金会的一个简单的挑战谈起：如何在社会领域、公共领域和私营领域，与我们的合作伙伴分享有关领导和管理方面最好的思想。

在弗朗西斯·赫塞尔本离开全球最大的女性非营利组织——美国女童子军的六个星期之后，她就成为这家世界上最小的基金会的首席执行官，当时的德鲁克基金会既没有资金，也没有人员，只有一个激情四射的愿景和使命以及一个理事会。

25 年之后，有超过 5 000 名思想领袖做出贡献，该组织已用 30 种语言出版了 27 本著作，并一直出版获"先端卓越奖"的季刊 *Leader to Leader*。该杂志已成为商界、政府和私人企业领导者重要的领导力智库。2014 年，*Leader to Leader* 从杂志、期刊和小报印刷类的 2 075 个参赛者中脱颖而出，获得"先端卓越奖"。2012 年，基金会为表彰弗朗西斯·赫塞尔本作为创始人兼总裁做出的突出贡献，将基金会改为以她的名字命名。

作为当代领导力开发领域备受尊重的专家之一，赫塞尔本女士在 1998 年被比尔·克林顿总统授予"总统自由勋章"，这是美国平民享有的最高荣誉，以表彰她在担任美国女童子军首席执行官和作为本研究院创始总裁的贡献。

通过培养以服务热情、倾听纪律、质疑勇气和包容精神为基础的领导力，弗朗西斯·赫塞尔本领导力研究院致力于创造一个开放的、快速响应的、全球性的社会部门，并与商业部门和政府部门开展平等的合作。

秉承彼得·德鲁克的创新传统，弗朗西斯·赫塞尔本研究院不断地探索提升社会组织领导力的新方式。与此同时，依托于方方面面的人才和资源——从当地社区的人力资源开发机构到美国陆军，再到公司董事会等，该研究院协助各类组织发现新的领导者和新的管理方式，拥抱变化，并放弃不再能产生成果的管理实践。

弗朗西斯·赫塞尔本研究院所提供的创新和有实质性意义的资源、产品和体验，使未来的领导者能够应对正在出现的机遇和挑战。该研究院分享过去二十多年里培育的智慧——从彼得·德鲁克非营利组织管理基金会的突破性工作，到它目前聚焦于领导者教育和定期的管理期刊，都是在弗朗西斯·赫塞尔本的远见、承诺和智慧的火花指导下实现的。

# 致　谢

　　本书的出版适逢弗朗西斯·赫塞尔本领导力研究院成立 25 周年，我们希望与来自社会部门、政府和私营领域的合作伙伴分享我们在领导力与管理方面的智慧，当然，还有我们最忠实而长久的合作伙伴——约翰·威利出版公司（John Wiley & Sons）。我们深深地感谢所有对本书出版做出巨大贡献的人士：彼得·德鲁克、弗朗西斯·赫塞尔本、伯纳德·班克斯上校、劳伦·梅里安·贝尔斯、乔安娜·鲍达斯、亚当·布劳恩、吉姆·柯林斯、卡洛琳·高森、凯利·戈德史密斯、马歇尔·戈德史密斯、纳迪拉·西拉、菲利普·科特勒、吉姆·库泽斯、拉古·克里希纳穆尔蒂、琼·西德尔·库尔、迈克·雷泽罗、卡斯·雷泽罗、卢克·欧文斯、米切尔·拉德帕沃尔、V. 卡斯特利·兰根和朱迪斯·罗丁。琼·西德尔·库尔不仅为这个新的版本拟定了愿景，更将她在培养年轻领导者方面的激情注入本书当中。而对全书的重点和结构进行设计则要归功于我们能干的负责创作与出版的同事——彼得·伊科诺米。

　　我们尤其要感谢弗朗西斯·赫塞尔本领导力研究院理事会的每一位理事，是他们的才华和奉献铸成了本书：理事长威尔·康威（Will Conway）、卡拉·格兰瑟姆（Carla Grantham）、琼·西德尔·

库尔、查理·奥康纳（Charlie O'Connor）和凯斯·西弗（Keith Schaefer）。我们发自肺腑地感谢各位。你们的支持和引导，必将在今后多年里影响全世界无数人的生活。弗朗西斯·赫塞尔本领导力研究院前院长克里斯·福莱里克（Chris Fralic）首先点燃了这个想法，并始终不遗余力地为我们提供支持和指导。

美国人寿保险公司共同基金（Mutual of America Life Insurance Company）和美国教师退休基金会（TIAA-CREF）是本书仅有的来自企业界的两个赞助者。

美国人寿保险公司共同基金创建于 1945 年，致力于解决非营利机构的资金需求。此外，美国人寿保险公司还承担自己作为企业公民的社会责任，积极回馈社区。对于本书的赞助就体现出，美国人寿保险公司对于支持和服务那些将毕生工作奉献给最需要照顾的人的承诺。

而创建于 1918 年的美国教师退休基金会，同样矢志不渝地坚持其使命——服务那些帮助他人的人。该基金会对本书的赞助，也是它们对于"顾客至上"这一原则重要性认识的体现。美国教师退休基金会拥有丰富的非营利遗产，致力于提供各种解决方案，为那些充实他人生活的人提供终身的财务保障。

最后，致越来越多的赫塞尔本"同路人"——包括研究院的支持者、与研究院合作的专业人士、社区领导者、企业高管、各类学员、教师和在校生，还有正在参与或准备参与匹兹堡大学"弗朗西斯·赫塞尔本学生领袖及公民参与全球研究会"的每一个人，你们对领导力研究的热情和激情具有感染力。你们就是我们的灵感源泉，你们就是这个世界的未来！